聞いて覚える話し方

New edition Speaking Skills
Learned through Listening
Japanese "Live"

中〜上級
Upper-Intermediate
& Advanced Level
JLPT
N2以上

日本語生中継

（なま）（ちゅう）（けい）

教室活動のヒント＆タスク

ボイクマン総子
宮谷敦美
小室リー郁子

くろしお出版
Kurosio

目　次

■聞き取り練習の前に

　ここでは、各課で取り上げる会話場面のイメージをつかむために、話題になっている事柄について、どのような経験をしたことがあるか学習者に話してもらいます。できるだけ具体的に経験を語ってもらうと、日頃の言語行動についての振り返りにもなります。また、失敗した場合や相手の意図がはっきりわからなかった場合など、コミュニケーションに支障が生じたケースについて挙げてもらうことで、そのとき何が問題だったのかを明確にすることができます。

　ここで出てきた場面は黒板にメモを取っておき、後で行うロールプレイの際に同じような場面を設定して、練習するといいでしょう。同様の場面を取り上げることで、学習者は自らの経験を振り返り、その場でどう話せばよかったか内省できます。そして、そこから、学習した表現やストラテジーを使っての練習につなげていけるでしょう。

■こんなとき、どう言いますか

　上級に達していない学習者は、使える語彙や表現がまだ不十分なために、自分の考えをうまく言い表せないことがあります。ここでは、問題を解きながら、各課で取り上げる話題に関する語彙と表現の導入や確認をします。

■聞き取り練習Ⅰ

問題1

　文末表現や使用されている語彙などをヒントに、話している人たちの人間関係（上下や親疎）、話のトピック、場面などを聞き取る問題です。

○キーワードとなる単語

　本冊では、キーワードとなる単語を取り上げています。最初にスキットを聞いて意味がとれなかった場合は、これらの単語の意味を確認して再度聞かせてください。学習者のレベルが低い場合には、リスニングの前にあらかじめ単語の意味を確認してからスキットを聞かせてもいいでしょう。

　別冊に単語の英語、中国語、韓国語、ベトナム語訳がついていますので、併せてご参照ください。別冊の単語訳は直訳ではなく、文脈にそった訳となっています。

問題2

　話の細かい内容について、正確に聞き取れたかどうかを確認する問題です。内容が理解できていない場合は、キーワードとして挙げられている単語以外に、難しいと思われる単語を適宜補

充してから再度聞かせてください。また、学習者が問題2をほとんど理解できているようなら、
スキットを再度聞かずに、続けて問題3をしてもいいでしょう。

問題3

　会話の参加者の関係、会話の場面、トピックにより、適切な表現が異なることを考えるための
問題です。トラックナンバーの箇所を再生して表現を確認することができます。答えを書く欄が
ありますが、表現を全て書き取らなければならないわけではありません。口頭での確認だけでも
いいでしょう。各課の指導ポイントには、「他の表現例」も挙げてありますので、ご参照くださ
い。

■聞き取り練習Ⅱ

　ここでは、課の機能に関わる出来事を、第三者に経験や意見として語っている話の聞き取りを
行ないます。聞き取り練習Ⅱでは、内容についての聞き取りだけではなく、話し手の意図や感情
について考える問いや、聞き手が後にとるべき行動を学習者に考えさせる問いも加えました。話
している人の意図や感情を正しく理解する力と、自分が話し手となったときに自分の気持ちを正
確に伝えることのできる力をつけるための設問が用意してあります。

○キーワードとなる単語

　聞き取り練習Ⅰと同様です。

■ポイントリスニング

　単文レベルの聞き取りタスクです。イントネーションの違いや単語の細かな違いによって、意
味がどのように異なるのかを聞き取ることを目的としています。本書には、解答の解説に加え
て、ポイントリスニングで挙げた表現を中心に、類似語彙・表現が整理して提示してあります。

■重要表現のポイント

　各課について3〜5の機能の表現を扱います。それぞれの表現についての補足説明は、本書
の各課の説明をご参照ください。多くの課では表現をTシャツ（カジュアルな場面）とネクタイ
（フォーマルな場面）の2種類に便宜上、分けていますが、これらの表現はすっきりと二つに分
けられるわけではありません。個々の状況によって使い分けが必要になってきますので、本書の
解説を参考にしながら、適宜説明を行なってください。また、本書では重要表現に関連する表現
をまとめ、追加提示していますので、必要に応じて取り入れてください。

　重要表現を使った練習問題《次のような場合はどう言いますか》の解答例は別冊スクリプトと音声におさめられていますが、あくまで例ですので、音声をいきなり聞くのではなく、まずはペアで実際に会話をさせるといいでしょう。自分ならどう言うか工夫することを推奨するとクリエイティブな活動になるでしょう。

■ロールプレイのポイント

　ロールプレイの状況は、カジュアルな場面とフォーマルな場面の2種類があります。そのまま使用するよりも、ウォーミングアップのときにクラスで話し合った状況でロールプレイをしたり、学習者に状況設定をしてもらったりするなど、学習者に合った身近な状況に修正して使用してください。

　ロールプレイの際には、カジュアル、フォーマルな言葉の使い分けができているかどうか確認してください。また、タスクが達成できたかどうかや正しい表現が用いられていたのかだけに注目するのではなく、適切な話の進め方ができていたかどうかについても、クラスで話し合う時間を持ったほうがいいでしょう。

【音声を活用した会話練習例】

　スキットを途中まで聞かせ、会話の状況を確認した後、スキットの続きの会話を作り上げるという練習を提示しています。会話の続きを自分ならどう言うかを学習者に考えさせることを意図しています。したがって、スキットの続きを忠実に再現する必要もありませんし、結末がスキットと同じである必要もありません。また、男性話者が話している会話の続きであっても、学習者が女性の場合は、スキットの前半を女性が話していると仮定して、話の続きを作ってみてください。あくまで状況を提示するための設問ですので、学習者に合わせて調整してください。

■ロールプレイタスクの例

　カジュアルな場面とフォーマルな場面のロールプレイを提示しています。これをそのまま使う必要はありません。学習者が実際に遭遇するような場面に修正して、練習してください。また、聞き取り練習の前にクラスで話し合った状況でロールプレイをしたり、学習者に状況を提案してもらったりしてもいいでしょう。ロールプレイのタスク例が各課の指導のポイントに提示してありますので、参考にしてください。巻末に「ロールプレイ準備シート」を用意いたしましたので、印刷するか、または WEB サイトからのダウンロードでもご利用いただけます。

■練習 ―もういっぱい―

　「練習 ―もういっぱい―」は、各課の話題に関連した語彙や表現をさらに増やすための問題です。「もういっぱい！＝もう十分」で余裕のない学習者に対しては、この問題を省略してもいいでしょう。「もういっぱい、いける」と余裕のある学習者は、この問題を通して、語彙・表現をさらに豊かにすることができるでしょう。巻末に配布用の練習問題シートを用意いたしましたので、印刷するか、または WEB サイトからのダウンロードでもご利用いただけます。

巻末付録

■ロールプレイ準備シート（配布シート）

　巻末にはロールプレイを行う際に使用できる準備シートを用意いたしました。印刷するか、または以下の WEB サイトからのダウンロードでもご利用いただけます。

■練習 ―もういっぱい―（配布シート）

　巻末に配布用の練習問題シートをご用意いたしました。印刷するか、または WEB サイトからのダウンロードでもご利用いただけます。

https://www.9640.jp/japanese-live/ 

「今、いないんですけど」―伝言―

【この課で学習する内容】

　第1課では、話をしたいと思っている相手が、その場にいない場合の応対の仕方や伝言の受け方を学習します。相手と直接話せないときの伝達形式は、メールや携帯電話でテキストメッセージを送るなど、文字を介して行うこともありますが、急ぎの用件であったりメールなどで連絡が取れない場合、あるいは直接訪ねたけれど相手が留守の場合など、口頭で伝言を残す場面は日常的に起こります。

　初級から中級前半段階で学習する伝言の表現としては「伝言をお願いできますか」や「…と伝えてもらえませんか」などがありますが、ここでは、相手に対して自分から伝言を申し出る表現や、今電話に出られない、あるいはその場にいないということを、状況や相手に応じて適切に伝えるための表現を学びます。

■聞き取り練習の前に

電話にメッセージを残したり、人に伝言を頼んだりする時、困ったことはありませんか。

　話をしたい相手が電話に出なかったときに、「また電話します」としか言えなかったり、メッセージを残せずに無言で切ってしまったりしたなどの経験がないかどうか話し合いましょう。また、話したい相手がいないことを別の人から告げられたときに、うまく伝言を頼めなかった経験などについて話し合ってください。さらに、その時、何と言えばよかったかについても話してみるとよいでしょう。

■こんなとき、どう言いますか

　ここでは、携帯電話などに残されているメッセージの表現についてどの程度理解できるか確認をします。電話のかけ手と伝言を受ける相手との関係によって話し方が異なること、そしてメッセージを聞いたあと何をしなければいけないのか、あるいは特に何もしなくてもよいのかなどについて考えながら聞き取る必要があることに注意を向けてください。

　①と③は、普通体でくだけた話し方をしているため、電話のかけ手と受け手は友人などの親しい間柄であることがわかります。携帯電話ではかけ手が誰であるかが受け手にわかることが多いため、親しい間柄では③のように名乗らずに話を始めることもあります。①では、かけ手は約束の時間に遅れることを謝っているだけなので、受け手は何もする必要がありません。一方、③では「今日授業休もうと思ってるんだけど。橋本先生に、そう言っといてもらえる？」と言っているので、受け手は、かけ手が授業を休むことを橋本先生に伝える必要があります。

　②④⑤は丁寧体で話しているので、フォーマルな場面であることがわかります。②と④のように、店の人が客に電話をかける場合、店側は店名だけを述べ個人名を名乗らないことが多いでしょう。②は客が注文した CD について、④は修理を請け負ったプリンターについて話していま

す。②では「また後ほどお電話させていただきます」と言っているので、客は店からまた電話が
かかってくるのを待っていればよいことになります。それに対して、④はプリンターの修理が終
わり、「いつでも取りに来ていただいてけっこうです」と言っているので、「明日以降午前9時
から午後8時までの間」に店にプリンターを取りに行く必要があります。

　⑤は「(社名)の(名前)です」と名乗っています。ここから、受け手はすでにかけ手のことを
知っていることがわかります。もし話したことも会ったこともない相手への伝言であれば、「(社
名)の(名前)と申します」と名乗るのが一般的だからです。学習者の中には、改まった場面では
常に「申します」を用いると思っている場合があるので、「(名前)です」と言う場合との違いを
確認してください。また、同じ職場の人であれば、名乗る際に社名を伝えることはないため、こ
こでのかけ手と受け手は職場が異なっているということがわかります。「このメッセージをお聞
きになりましたら、折り返しお電話いただけますでしょうか」というのは、メッセージを聞いた
ら電話をもらいたいということを伝える際の改まった表現です。

■聞き取り練習Ⅰ

問題1　聞き取りのポイント

スキット①

(1)(2) 二人が互いに普通体で話していること、そして、授業の話などをしていることから同じ
　　学校に通う友人同士であると考えられます。友人のところを訪ねた女性(リサ)が、「今日の
　　統計の授業、休もうと思って」と言っていることから、今日の授業を欠席するつもりだとい
　　うことがわかります。

スキット②

(1)(2) 男性が「あの、みやこだ出版の岸田と申しますが、いつもお世話になっております」と
　　会社名を述べた後で名前を言い、「いつもお世話になっております」という挨拶をしている
　　ことから、みやこだ出版の社員と他社(ヤマト印刷)の社員との会話であることがわかります。
　　「注文していた本の印刷の部数に変更」が生じたことが電話の用件です。

スキット③

(1)(2) 二人の男性が互いに普通体で話していること、一人は相手を下の名前(優平)で呼び、そ
　　れに対して相手は「おっす！」というくだけた挨拶を返していることなどから、二人がある
　　程度親しい友人同士であることがわかります。クリスを訪ねた男性(優平)が「借りてたマン
　　ガ」を返しに来たこと、借りていたマンガのうち一冊をなくしたので「直接ちゃんと謝りた
　　い」という話をしています。

（1）（2）電話に出た男性が「山根小学校です」、女性が「二年二組の木村太一の母ですけど」と
言っていることから、生徒の母親が学校に電話をかけていることがわかります。息子が熱を
出したので「学校を休ませようと思う」というのが伝言内容です。

スキット⑤

（1）（2）二人が丁寧体で話していること、「外回り」「領収書」「総務（の白川です）」などのことばか
ら、職場の同僚同士の会話であると考えられます。男性（白川）の用件は、河合さんが提出し
た領収書についてです。

問題3

　トラックナンバーの箇所を再生して表現を確認することができます。答えを書く欄があります
が、表現を全て書き出さなければならないわけではありません。口頭での確認だけでもいいで
しょう。

　自分の申し出は、言い切りの形で相手に伝えることも、質問の形で相手に打診することも可能
です。相手との関係や、伝言内容などによって、どちらがより適切かを考えてみてください。表
現のバリエーションについては、重要表現で再度取り上げています。

▶言い切りの表現

（伝え）とくよ。

（伝え）ておきます（ね）。

（電話かけさ）せます（ね）。

▶質問の表現

（伝え）とこうか。

（言っ）とくことある？

（伝え）ておきましょうか。

（伝言、お伺いし）ましょうか。

（電話かけさ）せましょうか。

[他の表現例]

① 「メールをしたってことも、伝えとこうか。」「メールのことも言っといたほうがいい？」

② 「神崎にお電話するように言っておきましょうか。」「神崎にお電話するように伝えましょ
うか。」

③ 「帰ってきたら言っとこうか。」「帰ってきたら伝えとくよ。」

⑤ 「河合さんに連絡取ってみましょうか。」「とりあえず河合さんにメールしてみますね。」

■聞き取り練習Ⅱ

　私達は様々な目的で電話をかけます。明確な用件があって電話をする場合もあれば、自分の気持ちを伝えたり単に言葉を交わしたりすることが目的で電話をする場合もあります。聞き取り練習Ⅱでは、留守番電話のメッセージを聞いて、かけ手が受け手に何を求めているかについて考えます。

問題1　聞き取りのポイント

① 待ち合わせの場所に現れない相手（恭平）に対し、「これ聞いたら、すぐ連絡ちょうだい」と言っていますから、メッセージの受け手はすぐ女性（るみ）に連絡をしなければなりません。

② 男性（伊東）は岡部課長に対し、自分が会議に間に合いそうにないことを伝えた後、「会議のための資料は、わたしのデスクの上に用意してありますので、よろしくお願いいたします」と言っていますから、岡部課長は男性のデスクにその資料を取りに行く必要があります。

③ 女性は「お父さん」に空港から電話をかけています。「何かあったらメールか電話ください」と言っているので、特に用事がなければ「お父さん」は女性に連絡する必要はありません。女性と「お父さん」の関係ですが、男性が女性の父親である可能性と、男性が女性の夫である（子どもの視点から、自分の夫を「お父さん」と呼んでいる）可能性が考えられます。

④ 女性（ゆう子）は、今花火を見ていてその感動を相手に伝えるために電話をしているので、受け手は特に何もする必要はありません。女性は「動画送るから見てね」と言っていますから、相手に自分が送る動画を後で見てほしいと思っています。最後に「また後で電話してみるね」と言っていますので、女性から再び電話があるかもしれませんが、受け手から電話をかける必要はありません。

⑤ 男性（ひろき）は祖母に試験に合格したことを報告しています。「ばあちゃん」と言っていることから、男性は孫だと考えられます。受け手は特に何もする必要はありません。

問題2　聞き取りのポイント

① 「あと30分待つけど、それで来なかったら、もう帰っちゃうからね」という発話から、今すぐではなく30分後に帰るということと、約束の場所にすぐに来てほしいという気持ちを伝えていると考えられます。

② 男性（伊東）は、山手線で事故があったみたいで「9時からの会議」には間に合わないことを伝えるために連絡をしています。会議のための資料は「用意してあります」と言っているので、受け手（岡部課長）は資料を作る必要がありません。

③ 「無事チェックインも終わって、あと一時間ぐらいでバリに出発します」という言葉から、チェックインが無事完了したことを伝えたくて電話をしたと考えられます。

④ これはおしゃべりが目的の電話です。「ねえねえ、聞こえる？この音」と言っていますが、花

火の音が聞こえるかどうかはそれほど重要ではなく、花火がきれいだということを伝えたくて電話をかけたようです。最後に「来年は絶対いっしょに来ようね」とは言っていますが、これを伝えることがこの電話の主目的ではありません。

⑤　これは、入学試験に合格したということを知らせるための電話です。最後に「また近いうちに会いに行くね」と言っていますが、これはこのメッセージを締めくくるための挨拶で、電話をかけた目的ではありません。

■ポイントリスニング

　ここでは、表現の違いによって、話をしている人が後で電話をかけるのか、それとも聞いている人が電話をかけるのか、または、第三者が電話をかけるのかを聞き分けます。「かけさせる」と使役の形になっているか、「いただく・もらう」という形を使っているかが聞き分けのポイントになっています。

・今話している人が電話をかける場合：「こちらから電話いたします。」（①）

　　　　　　　　　　　　　　　　　　「また後でかけ直すね。」（⑥）

・聞いている人に電話をかけてほしい場合：

　　　　　　　　　　　　「お電話いただけますか。」（⑤）

　　　　　　　　　　　　「折り返しお電話いただけるとありがたいんですが。」（⑦）

・他の人（第三者）が電話をかける場合：「電話をかけさせます。」（②、④）

　　　　　　　　　　　　　　　　　　「電話するように伝えます。」（⑧）

　　　　　　　　　　　　　　　　　　「～さんがお戻り／お帰りになりましたら、（折り返し）
　　　　　　　　　　　　　　　　　　お電話いただけますでしょうか。」（③）

　問題⑦は、誰が折り返し電話をするのかが明確ではありません。留守番電話に残されたメッセージだとすればこのメッセージを聞く人が電話をかけることになります。話をしたい相手がその場にいないのだとすれば、⑦は他の人に電話をかけることをお願いしていることになります。解答では、留守番電話のメッセージだと仮定して「聞いている人」という解答になっていますが、状況次第では「他の人」という可能性もあります。

■重要表現のポイント

　ここでは、「不在であることを伝える」「伝言を申し出る」「伝言を頼む」という３つの機能を取り上げます。伝言に関わる行為は、電話の場合が多いですが、直接対面で伝言をする場合もあります。ここでは、電話の場合だけでなく直接対面で伝言を行う場合も含んでいます。

不在であることを伝える

1) 電話に出られないことがはっきりわかっている場合は、「〜よ」と「〜んだよね」を文末に用います。カジュアルな場合は、終助詞の「よ」や「よね」をつけて、相手に新しい情報を伝えますが、フォーマルな状況では、「〜が」「〜けど」を用いて、ためらいがちに言うことが多いです。ためらいがちに言うのは、不在に対する申し訳なさを表すためです。また、理由を述べる表現「〜て／ので」を用いることもよくあります。

> **例** 👕 今、いないんだよね。
>
> 👕 今、いないんだよ。
>
> 👔 今、いないんですが／けど。
>
> 👔 今、ちょっと外出中で／外出していまして／外出していますので。

2) 話し相手の求めている人が不在あるいは電話に出られない場合で、応対をしている人がその理由を知っているときには、次のような表現を使います。

> **例** 👕 ちょっと出かけるって言ってたよ。
>
> 👕 ちょっと出かけるとか言ってたよ。
>
> 👔 3時まで会議があるって言っていましたので。

3) 不在の理由がわからない場合、あるいは、はっきり言わない場合は、「みたい／ようだ」を用いて、そのことを相手に伝えます。なお、「らしい」は、聞いている情報を伝えるときに使います。

> **例** 👕 コンビニに行ったみたいなんだけど。
>
> 👔 今、いないみたい／いないようなんですけど。
>
> 👔 3時まで会議らしいんですけど。

4) 不在であることを申し訳なく思う気持ちを伝えるために、特にフォーマルな状況では、「あいにく」や「申し訳ありませんが」などの前置き表現を用いることがよくあります。

5) 「席を外している」は、仕事の場面で、話し相手の求めている人が不在であることを伝えるための定型表現です。この表現は、プライベートな状況では使いません。

《次のような場合はどう言いますか》

　ここでは、次の4つのケース―「不在の理由を直接聞いて知っている」、「不在の理由を誰かから聞いて知っている」、「知っているが確信が持てない」、「不在の理由を知らない」―の使い分けができるかどうか確認します。👕と👔の使い分けだけでなく、状況に応じた適切な使い方についてもクラスで話し合ってみるとよいでしょう。

　下の解答は一例です。学習者が考えた表現について、適当かどうかだけでなく、なぜその表現を使ったかについても確認するようにしてください。

[解答例]

① ジョギングに行ってるよ。／ジョギング中だよ。

② 会議中なんですよ。／会議でいないんですが。

③ 午後から来るって言ってましたけど。／午後には来るらしいんですが。

④ どこか行くって言ってたよ。／どこか行くとか言ってたよ。

伝言を申し出る

1) 相手の話したい人が不在の際は、自ら伝言を申し出ることがあります。その際は、「～ておく」「～（よ）うか／～ましょうか」という表現を用いて伝えます。なお、「～とく」は「～ておく」の口語表現です。

　　例　何か、伝えとこうか／言っとこうか。

　　　何か、伝えときましょうか／言っときましょうか。

　　　伝言、伺いましょうか。

2) 電話があったことを伝える場合は、次のような表現を用います。

　　例　電話があったこと、伝えとこうか／言っとこうか。

　　　電話があったこと、伝えときましょうか／言っときましょうか。

3) 仕事の場面では、今不在の人（村田さん）に、あとで電話をかけさせると相手に伝えることがあります。例えば、取引先の相手に、自分と同じ会社の人（村田さん）に電話するように言う場合で、次のような表現を使います。一方、この表現が、で使えるのは、その場にいない人に対して、命令できる権限がある場合（例えば、親が子に）に限られますので使用する際には注意が必要です。

　　例　帰ったら息子に電話させますね。

　　　（村田）から、電話させましょうか。

《次のような場合はどう言いますか》

　どのような内容の伝言を申し出るかによって、表現が変わることに注意しましょう。電話があったことを伝えるのか、伝言を受けることを申し出るのか、それとも、話し相手の求めている人にあとで電話をかけさせると相手に伝えるのかによって表現が変わることに気をつけましょう。下の解答は一例です。学習者が考えた表現について、適当かどうかだけでなく、なぜその表現を使ったかについても確認するようにしてください。

[解答例]

① 何か言っとくことある？／何か言っとこうか？

② お電話があったこと、お伝えしておきましょうか。／戻ってきたら、こちらから電話かけさ

せましょうか。

③　何か伝えておきましょうか。／伝言、伺いましょうか。

④　武田から電話かけさせましょうか。／武田に電話かけるように言っておきましょうか。

伝言を頼む

1）「電話での伝言」は、「応対してくれた相手が伝言を受けることを申し出る→伝言を頼む」、もしくは、「自分から伝言を頼めるかどうか尋ねる→伝言を頼む」というパターン化された流れがあります。伝言を残すことを断られることはほとんどないため、この流れと表現を押さえておけば大丈夫でしょう。

　　例　👕伝言お願いできる？

　　　　👔伝言、お願いできますでしょうか。

　　　　👕先生に熱があって今日休むって言っといてもらえる？

　　　　👔熱があって体調が悪いので、木村さんに今日休むって言っておいていただけますか。

2）上の表現の他に「～（よ）うって思うんだけど／思うんですが」という表現を用いて、伝言を頼むこともあります。

　　例　👕熱があって今日授業休もうって思うんだけど、文学の先生に言っといてもらえる？

　　　　👔今日、会社休もうって思うんですけど、木村さんに言っておいていただけますか。

《次のような場合はどう言いますか》

　伝言を伝えるときには、その内容をはっきり伝える必要があります。それぞれの問題に、「打ち合わせに10分遅れると伝えたい」などの状況が書かれていますので、その内容を正確に伝えるようにしてください。また、相手との関係に応じて、どの程度の丁寧さで伝えるべきかについても考えさせるようにしてください。下の解答は一例です。学習者が考えた表現について、適当かどうかだけでなく、なぜその表現を使ったかについても確認するようにしてください。

［解答例］

①　10分ぐらい遅れるって言っといてもらえる？／10分ぐらい遅れるって言っといてもらえないかなあ。

②　301に変わったってお伝えいただけますか。／301に変わったってお伝え願えますか。

③　できるだけ早く送っていただきたいって言っておいていただけますか。／できるだけ早めにお願いしますってお伝え願えますか。

④　なくなったってことをお伝え願えますか。／なくなったことを、武田さんに伝えていただけますか。

■ロールプレイのポイント

　伝言をするという状況には、対面でことづける場合と、電話など非対面状況でことづける場合があります。非対面の場合は、特に、相手の顔が見えませんので、伝言をする場合も受け取る場合も伝達内容を正確に伝え、受け取る必要があります。そこで、ロールプレイの際には、伝達内容を確認するなどのやりとりも行うようにしましょう。

【音声ファイルを活用した会話練習例】

・聞き取り練習Ⅰを活用して、伝言の内容を変えて、ロールプレイ練習をすることができます。

・聞き取り練習Ⅰスキット③(track 3)では、友人のクリスが今は部屋にいないようです。スキットでは、借りていたマンガを返しに来たという状況ですが、他の状況を考えてみましょう。また、話し相手であるマシューは、状況に応じて、自分に何ができるか、優平に聞いてみるといいでしょう。

・聞き取り練習Ⅰスキット⑤(track 6)では、白川さんは、「河合さん」に用事があるようです。スキットでは、赤井さんが、自分の行動を申し出ていますが、白川さんが自ら伝言を残す状況に変えてロールプレイをしてもいいでしょう。

【その他のロールプレイタスクの例】

　※ロールプレイは、学習者が実際に遭遇する場面を想定して、設定してください。

[話し相手に伝言を残すタスク]

・(同じクラブの友人に)具合が悪いので、今日のクラブ活動を休むとクラブの部長に伝えてもらう。

・(自分の会社に電話をかける)子どもの体調が悪いので、今日は会社を休むことを、電話に出た同僚から上司に伝えてもらう。

・(取引先の会社に電話をかける)打ち合わせの時間に10分程度遅れることを、電話に出た人から取引先の川口さんに伝えてもらう。

・(子どもの学校に電話をかける)電話に出た人に、子どもの体の調子が悪いので、朝病院に連れて行くと担任の先生に伝えてもらう。

[留守番電話にメッセージを残すタスク]

・(友人に)相談したいことがあるので、折り返し電話をかけてほしいと言う。

・(友人に)近くまで行くので、できれば会いたいと携帯電話に伝言を残す。

・(同僚に)渋滞に引っかかってしまって朝の会議に間に合いそうにないので、課長に伝えておいてほしいと言う。

・(同僚に)明日使うプレゼンの資料のことですぐに話したいことがあるので、折り返し電話をかけてほしいと言う。

■ロールプレイ準備シート　※ ロールプレイシート＝ p.118

　2人でペアになり、ロールプレイタスクについて下の内容を相談して決めてください。そして、どのように話を進めればよいか2人で準備してから、ロールプレイをしましょう。

> **例**　インターン先の会社に電話をして、先生の都合で授業が延びたので、30分ほど遅れることを伝えてください。あなたが話したい相手は、営業部の高柳さんです。

話す場所	大学のキャンパスから
誰が誰に伝言を残したいのか？	インターンの学生（ジョー）➡ インターン先の営業部の人（高柳さん）
人間関係と状況	電話での会話。電話に出たインターン先の人（山中さん）とジョーさんとは会ったことも話したこともない。その人に、「営業の高柳さん」と話したいと伝える。
伝言内容	授業が延びたので、30分遅刻してしまう。到着するのは、3時半になる。
状況説明は複雑？	複雑。山中さんはジョーさんと営業の高柳さんの関係を知らないので、ジョーさんは山中さんに自分が何者かをきちんと名乗り、何のために高柳さんと話したいのか説明しなければならない。また、伝言内容も正確に伝えなければならない。
使う表現	【電話に出られないことを伝える（山中）】 ・高柳は、今、会議中でして。 ・あいにく、今、席を外しているんですが。 【伝言を申し出る（山中）】 ・何か、伝えておきましょうか。 ・伝言、伺いましょうか。 【伝言を頼む（ジョー）】 ・すみませんが、授業の終了が遅れてしまって、30分ほど遅刻してしまいそうだとお伝えいただけますか。 ・3時半には到着します。
会話で工夫すること	・お互いに何者なのか、きちんと確認すること（「9月からインターンとしてお世話になっている、○○大学のジョー・ノールと申します」） ・遅刻に対する申し訳なさを表明する（「今日、30分ほど遅刻してしまうと思うんですが」） ・伝言を受けた人（山中さん）は、伝言内容を復唱するなどして、確認する

■ 練　習 ―もういっぱい―　※ 練習シート＝ p.119 

　「練習―もういっぱい―」は、スキットの語彙の使い方や重要表現の理解を確認するための練習問題です。シートをコピーして、宿題として使うこともできます。

[解答]

[1]　① 遠慮なく　　② 念のため　　③ ちゃんと

　　　④ あいにく　　⑤ つかない　　⑥ 近いうちに

[2]　① 仕事のために外出していること

　　　② 薬局で誰でも買える薬（処方箋なしで買える薬）

　　　③ その場で配られる書類

　　　④ 本当に／心から

　　　⑤ 電話などのベルの音

　　　⑥ 電話をかけ直すこと

[3]　（解答例）

　　　① a) 承知しました。では、そのようにお伝えいたします。

　　　　　b) すみません、お手数をおかけいたしますが、よろしくお願い致します。

　　　② a) わかりました。そのように伝えておきます。お大事になさってください。

　　　　　b) 助かります。どうか部長によろしく伝えてください。

　　　③ a) うん、わかった。伝えとくよ。

　　　　　b) ありがと。助かる。

「一緒に行ってみない？」―勧誘―

【この課で学習する内容】

　第2課では、勧誘に関わる会話について学習します。勧誘をする表現の「〜ませんか」「〜しましょうか」「〜でも、どうですか／いかがですか」は、初級で学ぶ項目ですが、いずれも丁寧体なので、学習者は上司など目上の人にも制限なく使える表現だと理解している可能性があります。また、勧誘の断りについても、「いいえ、（日曜日）は、ちょっと…」だけで十分だと思っているかもしれません。

　ここでは、話し相手や勧誘の内容によって勧誘の仕方を変えることや、勧誘の前置き表現、誘いを受けるときと断るときの表現、返事を保留するときの表現、そして、勧誘の場面での話の進め方などを学びます。

■聞き取り練習の前に

最近、どんなことに人を誘いましたか。また、誘われた時に、誘いを受けたくなくて、困ったことはありませんか。

　人を誘ったときに、返事があいまいで承諾なのか断りなのか、はっきりわからなくて困った経験があるかどうか、学習者と話し合います。

　日本語母語話者は誘いを断るとき、はっきりとした表現を使って断らず、「考えておきます」と言ったり、「月曜日は予定が入っちゃってるんで」というように断りの理由を述べるだけにとどめたりすることがあります。日本語母語話者のこういった言語行動の特徴を理解していない学習者は、「日本人はあいまいでよくわからない」という認識を持っている可能性もあります。

　同様に、誘うときなども「忙しいから、一緒に行くのは大変かもしれないけど」などの否定的な表現を使って誘うことがありますが、これは断ってほしいというシグナルなのではなく、相手が断る場合の心理的負担を軽減しようとする配慮の表現です。

　ここでは、このような勧誘にまつわる学習者の体験談について、クラスで話し合ってみるのもいいでしょう。

■こんなとき、どう言いますか

　ここでは、「勧誘（話し手に誘われて、話し手と聞き手の双方、または、聞き手が行う行為）」と「申し出（話し手だけが行なう行為）」の違いを中心に確認します。

1．誰が何をしますか。

	勧誘する	申し出る
誰が	行為をするのは「話し手」と「聞き手」の双方、または、「聞き手」。勧誘を受けるかどうかを決めるのは「聞き手」。	行為をするのは「話し手」。申し出を受けるかどうかを決めるのは「聞き手」。
既習表現	（一緒に）、〜たいなあ。① （一緒に）〜ようか。④ （一緒に）〜てみない？⑤ （一緒に）、〜ましょうか。 〜は／でも、どうですか。 〜は／でも、いかがですか。	（私が）〜ましょうか。② （私が／私から）〜ようか。③ （私が）〜ます。

① 「〜たい（です）」は、初級で学習する希望を表す文法項目ですが、「〜たいなあ（って思っているんですけど）」は状況によっては勧誘表現として使えます。

②③④ 「〜ましょうか／〜ようか」も初級で学習する文法ですが、行為者が話し手だけの場合（申し出②③）と、二人の場合（勧誘④）があることを確認してください。

⑤ 「〜てみる」は、試しに何かをするという意味の初級の学習項目ですが、「〜てみない？／〜てみませんか」のように勧誘表現の中でよく使われることを確認しておきましょう。

2．あなたが、もし鈴木さんにこう言われたら、どう答えますか。

①勧誘に対する返答としては、「ええ、いいですねえ。／ええ、ぜひ。」など誘いを喜んで受ける場合と、「映画ってどんな映画ですか。」と、答えるための情報を集める質問をしたり、「映画ですか…。」と返事を保留する表現などがあります。

②③申し出に対する返答として、②「いいんですか。ありがとうございます。」③「すみません。よろしくお願いします。」などがあります。

④⑤カジュアルな勧誘の返答として、④「ドライブ、いいね。うん、行く。」と積極的に誘いを受ける表現や、④「いいね、行きたい。」や⑤「いいの？　行きたいなあ。」と「行きたい」という願望を述べることで喜んで誘いに応じる表現があります。ここでは、誘いや申し出を受ける場合を考えましたが、余力があれば誘いや申し出を断る場合の表現について話し合ってもいいでしょう。

■聞き取り練習 I

問題1　聞き取りのポイント

スキット①

（1）女性同士が普通体で話をしていることから友人同士であると考えられます。

（2）（3）現在、フラワーアレンジメントを習っている人が、友人である相手の女性に一緒に習わないかと誘っています。

（4）「遥も一緒に習ってみない？　いやならいいんだけど。」という誘いに対して、「ううん。陶芸とかだったら、ちょっと考えてみてもいいんだけど。」と別のことであれば受けると言うことによって、誘いを断っています。

スキット②

(1) 一人が丁寧体で話をしていて、もう一人は普通体で話しているので、上司と部下、あるいは、先輩と後輩だと考えられますが、授業では、上司(先輩社員)が部下(後輩社員)に対して、いつも普通体を使うとは限らないことについても言及してください。目下が目上に普通体で話をすることはほとんどありませんが、目上は目下に対して丁寧体／普通体の両方を使うことがあります。むしろ、職場では双方が丁寧体を使って話すことは珍しくありません。目上が目下に対して丁寧体を使うのは、相手に対する敬意を示していたり、それが職場などのフォーマルな場所にふさわしい話し方だと考えられているからです。一方、普通体が使われる理由は権威や親しさを示しているからだと考えられます。

(4) 誘いに対して、「フラメンコですか」「はあ」「そうですか」と消極的なあいづちを打っていて、最後に「じゃ、妻に予定をきいてみますんで、少し、待ってもらえませんか。」と返事を保留しています。ただし、形の上では返事の保留となっていますが、あいづちなどの応答からあまり乗り気ではない様子がわかります。

スキット③

(1) 男性が普通体、女性が丁寧体で話をしています。このことから、何らかの上下関係のある上司と部下／先輩と後輩の関係だと考えられます。上述のスキット②でも説明しましたが、目上は目下に対して丁寧体／普通体の両方を使うことができることにも言及するといいでしょう。

(4) 女の人は、「最近、忘年会シーズンですから、けっこういろんな約束が入っちゃってるんで。」と、一旦、断っています。しかし、断りの理由を述べているだけなので、男の人は「結衣ちゃんの都合にあわせるし。」「都合のいいとき、教えてくれる？」と強引に誘いを続けています。そして、女の人は最後に「じゃ、また、連絡しますね」と言っているので、誘いの結果がどうなったかは、この会話からだけでは判断できません。

スキット④

(1) 男女がお互い普通体で話をしています。会話の中に、子どもやお義母さんの話がでてくるので、夫婦だと考えられます。

(3)(4) 自分が今飲んでいる店に来ないかという夫からの誘いに対して、妻は「今から？」と質問しています。この質問は、断りの前置きになっています。次に、「でも、もう化粧も落としちゃったし、お風呂にも入っちゃったから、髪の毛も濡れてるし。」と理由を言ったうえで、「面倒くさいから、適当に断っといてよ。」とはっきりと断りを述べています。そして、さらに、「悪いけど、こんな時間に外出るのいやよ。」と否定的な気持ちを直接的に述べています。夫婦間なので、「いやだ」とはっきり言っていますが、家族ではない相手などに対してこのように言うと、たとえ気心が知れていたとしても、失礼だと思われる可能性があるので気を付けたほうがいいでしょう。また、会話中に出てくる「出て来れない？」は、くだけた話し言葉で使われるら抜き言葉です。

（1）二人とも丁寧体で話をしています。犬の散歩中で、お互いの犬の名前も知っていること、「中川さん、中川さんって、ご主人、インドの方ですよね」と配偶者の出身地も知っていることから、ある程度親しい近所の人同士であると推察されます。

（4）中川さんは「わたしたち、まだ二人ですので、子どもの教育は問題ありませんし。」と誘いに対して否定的な状況を述べ、「じゃ、主人と相談してみますので。」と返事を保留しています。否定的な状況について述べているので、あまり気乗りがしないようです。

　トラックナンバーの箇所を再生して表現を確認することができます。答えを書く欄がありますが、表現を全て書き取らなければならないわけではありません。口頭での確認だけでもいいでしょう。

　余裕があれば、会話の場面や相手との人間関係だけでなく、誘う内容による誘いにくさや断りにくさによって、どのような表現を使い分ければよいかについても話し合ってみましょう。

[他の表現例]

① 「遥も一緒に習ってみないかなって。」
　 「遥も一緒にどう？」など

② 「もし、興味があれば、奥さんでも誘って、見に来てもらえないかなって。」
　 「見に来てもらえるとうれしいんだけど。」など

③ 「結衣ちゃんと、一緒に行きたいなって。」
　 「一緒に行けたらなって。」
　 「一緒にどうかなって思って。」など

④ 「今から出て来ない？」
　 「今から出て来ないかなって。」など

⑤ 「ご一緒にお話でもいかがかなって思ったんですが。」
　 「あの、もしご興味がおありでしたら、是非参加していただいて、ご一緒にお話でもできたらうれしいんですが。」など

　ただし、「参加する」は、自分がその集まりの主催者であったり、すでにその集まりに参加したりしている場合にしか使えないことに注意しましょう。

■聞き取り練習Ⅱ

　職場の上司からの誘いについて、誘われてうれしかった経験、うれしくなかった経験など、誘われたことに対してどのような気持ちだったかをインタビューで聞いている場面です。

問題2　聞き取りのポイント

① 「先週も一緒に晩ご飯、食べに行きました」という発話から、誘いを受けたことがわかります。

② 「断りづらい」「しぶしぶついて行く」から、いやいやながらも誘いを受けていることがわかります。

③ 「しょうがないから、最後は『今日は失礼します』って、はっきり言っちゃったんですよ」という発話から、誘いを断ったことがわかります。

問題3　聞き取りのポイント

① 「あこがれの先輩」「お誘い」ということばから誘いを肯定的に受け取っていること、「内心やったぞ」「また、誘ってくれないかな」の表現から、うれしいと思っている気持ちがわかります。

② 「ひどいときには」「お酒があまり強いほうじゃない」といった発話から、お酒が好きではないこと、「断りづらい」が、本当は断りたいと思っていること、「しぶしぶついて行く」から、いやいやながら誘いに付き合っている気持ちが読み取れます。

③ 「誘われても子どもを迎えに行かなくちゃいけないからって言うと、けっこうわかってもらえて。」という部分から、誘われても断ることが多いことがわかります。しかし、「でも、あんまり断っていると、会社のみんなで飲みに行くときに全然誘われなくなるのもさびしいし。」と言っているので、全く誘われないのもさびしいと思っていることがわかります。

■ポイントリスニング

　誘いを受けているか、断っているか、まだわからないのかは、発話内容だけでなくどのような音調で話しているのかによっても推測できます。すぐに応じないときは、たいてい、誘いを断る結果になることが多いです。

① 「かまいませんが」「じゃ、3時ですね」の発話から誘いを受けていることがわかります。

② 「前もって言ってもらってれば、行けたんだけど」と、別の条件なら大丈夫だったと述べることで、断った相手に対して断ることを残念に思っている気持ちを伝えています。

③ 「ちょっときびしいなあ」という否定的なことばから断っていることがわかります。「きびしい」は人の性格について描写する以外に、この場合のようにスケジュールやある課題について対処が難しいということを述べるときにも使います。

④ 「（もうちょっと、）考えさせてくれる？」は保留の表現ですが、「ううん、やってみたいのはやまやまなんだけど。」と言っていることから、断る方向にあることが読み取れます。

⑤ 後で連絡すると言って、返事を保留しています。話し方によっては、断りのニュアンスを含みます。

⑥ 断りの表現ですが、「その日以外ならオッケーなんだけど。」のように、別の条件なら大丈夫という発話は、本心としては断りたくないという気持ちであることを表しています。

⑦ 「喜んで」という表現から、誘いの承諾であることがわかります。喜んで誘いを受けるときは、「喜んで」や「ぜひ」などの表現を使います。

⑧ 「悪いけど」「他の人」という表現から、断りであることがわかります。

■重要表現のポイント

ここでは、「誘う」「誘いを受ける」「誘いを断る」「返事を保留する」という4つの機能を取り上げます。

誘う

1) 学習者が既に知っている誘いの表現には、「一緒に〜（てみ）ない？」や「一緒に〜ませんか」があります。「〜ませんか」という表現を目上の人に使うこともできますが、それは、かなり親しい間柄で場面もカジュアルな場合でしょう。よりあらたまった場合には、「〜ませんか」などのように行為を示す動詞を使わずに、「どうですか／いかがですか」を使うといいでしょう。

例　一緒に行かない？
　　一緒に行ってみない？
　　一緒に（Xでも）どう？
　　一緒にどうですか／いかがですか。

2) カジュアルな場合は、そうしたいという自分の思いを述べるだけで、相手を誘うこともできます。ただし、フォーマルな場合は、自分の思いを伝えるだけでは不十分で、依頼の表現を使って誘います。

例　一緒に行かないかなって（思って）。
　　一緒に行きたいなって思って。
　　一緒に行っていただけたらって思うんですが…。
　　一緒に行っていただけませんか。

3) 誘うときに、一緒に使われる表現としては、「よかったら」や「興味／時間があったら」などがあります。他にも、「忙しいかもしれないけど」といった表現がありますが、これは、誘われた側が断るときに感じる心理的な負担を軽減させるために、相手（誘われた側）にとって断りやすい状況を設定するという、話し手の気遣い表現です。

例 👕 よかったら

　👕 興味／時間があったら

　👕 忙しいかもしれないけど

　👔 よろしかったら

　👔 ご興味／お時間がおありでしたら／ありましたら

　👔 お忙しいかもしれませんが

4) 自分が何かの集まりを運営している主催者だったり、すでにその集まりに参加していたりする場合、「参加する」「来る」という動詞を使って誘うことがあります。自分がそういった立場でない場合は使えませんから、注意が必要です。

例 👕 ～に 参加して／来て みない？

　👔 ～に 参加して／来て いただけませんか。

　👔 ～に 参加なさいませんか／いらっしゃいませんか。

《次のような場合はどう言いますか》

　ここでは、相手との人間関係と誘う内容の相手への負担の程度によって、表現を使い分けることができるかどうかを確認します。👕と👔の使い分けだけでなく、誘う内容が相手にどれだけ負担となるものであるか、また、自分が主催者なのかどうかについても、クラスで話し合ってみるとよいでしょう。

　下の解答は一例です。学習者が考えた表現について、適当かどうかだけでなく、なぜその表現を使ったかについても確認するようにしてください。

[解答例]

① コンサート、一緒に行かない？／コンサート、一緒に行きたいなって思って。

② 時間あったら、近いうちに、晩ご飯一緒に食べに行かないかなって思って。／時間がありそうだったら、来週とか、晩ご飯一緒に食べに行かない？

③ 1月末にでもって思っているんですけど。もしも、お時間がありましたら、参加していただけませんか。／1月末を考えているんですけど、いらしていただけたらうれしいなって思っているんですが、お忙しいでしょうか。

④ コミュニティーセンターで料理教室をしてるみたいなんですけど、一緒にどうですか。／コミュニティーセンターでやっている料理教室に一緒に行ってみません？

誘いを受ける

1) 誘いを受ける場合には、「もちろん」や「ぜひ」などの積極的に誘いに応じる表現を用います。他にも、「私も気になっていたんです」「それ、興味があったんです」や「わー」「おお」などの感嘆表現を用いて、その喜びを表したりします。

　例　👕 わー、もちろん。

　　　👕 おお、それ、俺も、気になってたんだ。

　　　👔 ぜひ。

　　　👔 それ、興味あったんです。

2）気が進まないけれど断れないという場合にも、相手の気持ちや相手との友好な関係を維持することを考えて、「それ、おもしろそうですね。」など、表面上は積極的に受ける表現を用いることもあります。しかし、それを誠実ではないと感じる人もいるでしょう。

　　気乗りがしないことを伝える場合には、その原因となる事柄（日時、活動など）を「週末ですかー。」などと繰り返し、「その日は無理なわけじゃないんだけど。」「まあ、その日は多分大丈夫だと思いますけど。」のように、あまり積極的な返事をしないという方法もあります。ただし、後者の表現は、しぶしぶ承諾した場合の決まり文句というわけではなく、単にその日が大丈夫かどうか確信が持てないという中立的な意味で用いられることもあります。

　例　👕 日曜日は、たぶん、大丈夫だと思う。（いいよ。）

　　　👕 日曜日かー。無理なわけじゃないんだけど。（まあ、いいよ。）

　　　👔 日曜日は、大丈夫だったと思いますが。

　　　👔 日曜日は、大丈夫だったような気がするんですけど。

　　　👔 その日は、恐らく、何も用事が入っていなかったと思うんですが。

《次のような場合はどう言いますか》

　ここでは、喜んで誘いを受ける場合と、あまり気乗りしないが誘いを受ける場合の表現を練習します。👕 と 👔 の使い分けだけでなく、誘われたときの気持ちによって表現を選択しましょう。

　下の解答は一例です。学習者が考えた表現について、適当かどうかだけでなく、なぜその表現を使ったかについても確認するようにしてください。

[解答例]

① おお、行く、行く。最近、ラーメン食べてないし。／うん、行こ、行こ。俺も、気になってたんだ。／いいですね。私も気になっていたんです。

② うん！私もやってみたいって思ってたんだけど、一緒に行ってくれる人いなかったんだ。行きたい。行こう！／あ、いいよ。私、一回やったことあるんだけど、おもしろかったよ。

③ a）うん、いいよ。何時からやんの？／お、いいねえ。他に誰がいんの？

　　b）あー、今晩かー。できないわけじゃないんだけど。うーん、ま、他に人がいないんだったらいいよ。／いやー、やりたいんだけどね。レポートとかいろいろあるんだけど、どうしようかな。やろうかなあ。

④ a）あ、いいですよ。最近、やってなかったから、ちょうどやりたいなって思ってたんです。／ありがとうございます。なんか、体、動かしたいなって思ってたところだったんですよ。

　　b）週末ですかー。んー、たぶん、土曜日なら大丈夫だと思うんですけど。／お誘い、ありがとうございます。たぶん、行けると思うんですけど。

誘いを断る

1) 断るという行為は、人間関係にマイナスの影響を与えかねません。そこで、生じた負の関係を修復するために、断りの理由を述べたり、別の条件を提示したりすると、むげに断っているのではないという気持ちを表すことができます。また、「せっかくなんですが」「残念なんですが」といった表現を用いることもあります。

例　（残念なんだけど、）日曜日は、用事があって…。

　次の週末だったら／なら、いいんだけど。

　（せっかくなんですが、）日曜日は、用事が入ってまして…。

　日曜日は、用事が入ってしまっていて…。

　次の週末でしたら、大丈夫なんですけど。

2) 断る時には、「ごめんね」「悪いんだけど」「申し訳ないんですけど」などの謝罪の表現を用いることが多いです。また、断った後で、「また誘ってください」など相手や誘いの内容に興味のあることを示し、今後も友好的な関係を期待していると伝えることは関係修復に欠かせません。

例　ごめんね／悪いんだけど。

　また誘って。

　申し訳ないんですけど。

　また誘っていただけたらうれしいです。

3) 断りの返答として、友好的な人間関係を保つために、断られた人は、断った人に対して「いいよ。気にしなくて」など相手の気持ちの負担を軽減することばを述べることがあります。

例　大丈夫、大丈夫。

　いいよ、気にしなくて。

　大丈夫です。他の人、探してみますから。

《次のような場合はどう言いますか》

　ここでは、「誘いを受ける」と同じ状況で「誘いを断る」場合の表現を練習してみましょう。親しい間柄であれば、あまり気乗りのしないことをダイレクトに伝えてもいいでしょうが、そうでない場合は理由を伝えたほうが無難でしょう。と の使い分けだけでなく、断るときの気持ちや理由の述べ方にも注意して練習しましょう。

　下の解答は一例です。学習者が考えた表現について、適当かどうかだけでなく、なぜその表現を使ったかについても確認するようにしてください。

［解答例］

① ああ、ラーメンか。ラーメンあんまり好きじゃなくて。悪いけど、他の人誘ってくれる？／あー、行きたいんだけど。今日、昼、外で食べるほど時間ないんだよね。

② ボルダリングねえ。なんか体力に自信ないから、パス。／私、スポーツ苦手なんだ。他の人、誘ってもらえるかなあ。

③ 今晩はちょっと無理かな。締め切り前のレポートがあって、それやんなきゃやばいんだよね。／わー、今晩はちょっと厳しいなあ。予定が入ってて。また別の日に誘ってくれる？

④ 週末ですか。この週末は、家族とちょっと約束してまして。／今週末は、ちょっと。次の週末なら空いてるんですが。

返事を保留する

1） 返事を保留する表現には、「今はまだわからない」や「待ってほしい」、「考えさせてほしい」などがあります。これらの保留の表現は、断る場合にも使えます。誘われた人が、これらの保留の表現を述べた後、しばらく経ってもそのことについて何も言い出さない場合は、誘いを断ったのだと判断していいでしょう。文字通り受け取ると、期待外れとなる場合があるので要注意です。

例　ちょっとまだわからないんだけど。

（返事、）明日まで、待ってくれない？／考えさせて。

明日まで、考えさせていただけませんか。

2） 誰かと相談すると言ったり、「スケジュールを調整する」といった表現を使って返事を保留することもできます。

例　ちょっとスケジュール、調整してみる（ね）。

家族と相談しますので、明日まで、待っていただけませんか。

スケジュール調整してから連絡します。

《次のような場合はどう言いますか》

　ここでは、そのあと断るか断らないかは明言せず、返事を保留することだけを述べる表現を練習します。相手との人間関係、誘いの内容、そしてそのときの自分の気持ちによって、表現を使い分けてみましょう。と　の使い分けだけでなく、どのような保留の表現を使うと相手にどんな印象を与えるか、相手がどう受け取るかを学習者に考えさせるのもいいでしょう。

　下の解答は一例です。学習者が考えた表現について、適当かどうかだけでなく、なぜその表現を使ったかについても確認するようにしてください。

［解答例］

① あー、ごめん。週末の予定、まだはっきりしてないんだ。地元から、いとこが来るかもしれなくて。／あー、週末は、土日どちらも予定が入るかもしれなくて。まだ、決まっていない

んだけど。

② あ、日曜かー。ちょっと別の予定が入るかもしんなくて。明日まで返事待ってもらえるかなあ。／日曜の午後か。あー、いま調整中の予定があって、申し訳ないけど、明日まで返事、待ってもらえる？

③ わあ、ありがとうございます。行けると思うんですが、ちょっと、妻と子どもたちに予定、聞いてみますね。返事、明日でもいいですか。／お誘いありがとうございます。たぶん、大丈夫だと思うんですが、お返事、家族に聞いてからでもいいですか。

④ ああ、いいですねー。わたしも行きたいなって思ってたんですよ。でも、週末、ちょっといくつか予定入っているんで、調整してから連絡しますね。／今週の週末は厳しいんですが、たぶん、次の週末なら土日どっちも空いてたと思うんで。ちょっと、いくつか、確認してからお返事してもいいですか。

■ロールプレイのポイント

　誘いの表現を述べる前には、［都合うかがい］を述べることがあります。そして、誘う表現の前か後に、［誘う理由の説明］を行います。

　誘いの内容が、誘われた人にとってなじみのないもの（聞き取り練習Ⅰスキット②「フラメンコを見る」など）や、相手に負担になりそうなもの（聞き取り練習Ⅰスキット①「習い事を一緒にする」など）の場合、誘う理由を詳しく説明する必要があります。

　断る場合、［断りの理由説明］をします。また、誘いを受けられないことに対する［謝罪述べ］を行ったりします。相手がこれからもずっと付き合っていく人の場合、その後も続く人間関係を考えて、慎重に断るといいでしょう。たとえば、［別の条件］ならできることを述べたり、「また誘ってください」といった［将来の約束］を行うことで、誘いを拒絶しているのではないという態度を示すことができます。

　一方、断られた人は、「気にしなくていいよ」など［相手の気持ちの負担を軽減することば］を述べたり、「じゃ、また今度お願いします」のような［将来の約束］を行ったりします。

断る側：謝罪述べ	断られた側：相手の気持ちの負担を軽減することば
断りの理由説明 　　　　別の条件 　　　　将来の約束	将来の約束

【音声ファイルを活用した会話練習例】

・聞き取り練習Ⅰを活用して、誘う人と誘いを受ける人との人間関係や勧誘内容について、双方が相手の状況や気持ちをどのように考えているかという観点から、設定を変えてロールプレイ練習をすることができます。

・聞き取り練習Ⅰスキット②(track 18)では、上司の誘いに対して部下が保留のことばを述べていますが、スキット以外に、どのような保留のことばがあるかを考えることもできます。また、日曜日は用事があると断る会話や、フラメンコに興味があるといって誘いを受ける会話に発展させることもできます。

・聞き取り練習Ⅰスキット③(track 20)は、男の人が女の人を京料理に誘う場面です。スキットでは、女の人が男の人の誘いを断っていますが、誘いを喜んで受ける会話にすることもできます。自分たちでアイデアを出し合って会話の続きを考えてみてください。

【その他のロールプレイタスクの例】

　※ロールプレイは、学習者が実際に遭遇する場面を想定して、設定してください。

・(友人を)海外旅行や少し遠出の国内旅行に誘う。

・(友人を)自分の家の引っ越し後のホームパーティーに誘う。

・(友人を)バンド仲間に加わってほしいと誘う。(何か楽器を演奏できることがわかっている場合と、単に音楽好きの友達を誘う場合とでは、話の進め方が変わります。)

・(友人を)車を持っている友人に、ドライブをしようと誘う。(友人が当然車を出してくれるものだと期待している場合と、出してくれない可能性が高いと思っている場合では、誘い方が変わります。)

・(先生を)ゼミの打ち上げに誘う。(いつもとても忙しそうな先生を誘う場合はどう誘えばいいでしょうか。)

・(同僚に)普段、あまり人付き合いが良くない同僚に話があり、仕事のあと飲みに誘う。

・(近所の人を)近所の人同士が仲良くなるために自宅でバーベキューパーティーをしようと思っている。そのパーティーに近所の人を誘う。

・(知らない人を)自分たちが主催するボランティアグループやクラブなどの活動に参加してくれるよう勧誘する。

　ロールプレイに慣れていない学習者の場合、既出のモデル会話の流れをそのまま使い、キーワードだけを変えていく「シナリオ暗記」的な練習になってしまうことが多いようです。ロールプレイに慣れていない学習者には、下の「ロールプレイ準備シート」を用いて、ロールプレイタスクについて、ペアの学生と共に、設定を確認し、どのように話を進めるのか考えさせるとよいでしょう。

■ロールプレイ準備シート　　※ ロールプレイシート＝p.121 

　2人でペアになり、ロールプレイタスクについて下の内容を相談して決めてください。そして、どのように話を進めればよいか2人で準備してから、ロールプレイをしましょう。

> **例**　山登りが好きな人たちで作っている会社のオンライングループに、年上の同僚を誘ってみましょう。

話す場所	職場
誰が誰に？	社員（シンさん）➡ 年上の同僚（ラオさん）
人間関係と状況	シンさんは、親しい年上の同僚（ラオさん）が、山登りが好きだということをうわさで聞いた。シンさんは、会社の同僚たちと休みの日に山登りに行っている。その仲間たちとオンラインのグループを作っていて、山登りに関する情報交換を行っている。
誘いたいこと	オンライングループに入ってほしい。
誘いを受けてもらうのは難しい？簡単？	簡単そう
誘いを受ける？断る？	誘いを断る
使う表現	【誘う人（シン）】 ・ご興味がありましたら ・入ってみるの、いかがですか。 ・入っていただけるとうれしいなって思ってまして。 【誘われる人（ラオ）】 ・お誘いはうれしいんですけど。 ・オンライングループってちょっと苦手なんですよ。 ・山登りに一緒に行くのはいいんですけど。
会話で工夫すること	・誘いを断るときは、感謝や誘ってもらってうれしい気持ちを述べる。 ・相手が誘いを断った場合の会話の終わり方に気をつける（例：わかりました。次、みんなで行くときには直接お誘いしますね）。

■ 練　習 —もういっぱい—　　※ 練習シート＝ p.122 

　「練習—もういっぱい—」は、スキットの語彙の使い方や重要表現の理解を確認するための練習問題です。シートをコピーして、宿題として使うこともできます。

[解答]

[1]　① 適当に　　　　　② 気が進まなかったら　　③ そのつもりにしていた

　　　④ いかがですか　⑤ 考えさせて　　　　　　⑥ 調整

[2]　① プロのような仕上がりやできばえのこと

　　　② それをしたいという気分になること

　　　③ 自分の予定を相手の予定に合わせること

　　　④ 単語の最初の文字のこと

　　　⑤ 頻繁で、よくあること

　　　⑥ 意に反して行うこと、気乗りのしないこと

[3]　（解答例）

　　　① a）じゃまた別のときに誘うよ。

　　　　 b）次、行くとき、誘って。

　　　② a）え、いいんですか。／ありがとうございます。

　　　　 b）わかりました。／はい、大丈夫です。急ぎませんので。

　　　③ a）可能なんですが。／行けると思うんですが。／

　　　　　　いいんですが、その日はちょうどだめなんです。

　　　　 b）残念ですが、崎山さんによろしくお伝えください。／

　　　　　　また一緒にご飯食べるとき、教えてください。

　　　　 c）わかりました。／じゃ、別の機会に。

（解説）勧誘を断った場合や返事を保留したあとに、どのように会話を続ければいいかを考えるための練習です。一見簡単そうに見えるやりとりですが、相手の気分を害さない返答をするのは意外に難しいものです。ここでは、誘う側と誘われる側（断る側・返事を保留する側）、双方の表現を考えてみましょう。

　誘う側：断られたときに無理やり再度誘うのではなく、断った相手の気持ちの負担を軽減するために、他の人を誘ってみると言ったり、別の機会にすると言ったりするといいでしょう。

　断る側：誘ってもらったことに関する感謝のことばを述べたり、理由を述べたりするだけでなく、断ったあとに、別の活動や条件なら誘いに応じられると述べると、自分が断ったことによる気まずさを解消することができます。また、次も誘ってほしいと言うことで、関係を継続したい気持ちを表すことができます。

LESSON 3 　「これ、使わせてもらってもいいかなって」―許可―

【この課で学習する内容】

　第3課では、許可を求める場面の会話について学習します。許可を求める表現の「～てもいいですか」「～（さ）せていただけますか」などは、初級の学習者にとってもなじみのある表現です。しかし、教師や上司など目上の人に対しては「～（さ）せていただけますか」を用い、それ以外は「～てもいいですか」を用いるというように、使い分けを単純化している学習者もいます。この課では、許可を得たい内容によって言い方を変えたり、条件付きで許可を与える時に用いる表現を学びます。また、許可を求められた時に、その内容や相手との関係に応じて使い分ける断りの表現についても学習します。

■聞き取り練習の前に

最近、どんなことで許可を求めましたか。うまく許可をもらえましたか。

　どんなことで許可を求めたか、その結果はどうだったかという許可にまつわる経験についてクラスで話し合います。特に、失敗した場合や、相手が許可をしてくれたかどうかはっきりわからなかった場合など、問題があったものを中心に話し合ってください。また、自分が許可を求めた際、簡単に許可してもらえると思っていたか、それとも許可を得るのは難しいと思っていたかについてもここで話しておくといいでしょう。そうすれば会話練習のときに、許可を得たい内容や相手との関係によって表現を使い分ける必要があるということに、学習者の注意を向けやすくなります。

■こんなとき、どう言いますか

　ここでは、「依頼」と「許可」の違いを中心に確認します。

	依頼する	許可を求める
誰が	行為をするのは「聞き手」。 するかどうかを決めるのも「聞き手」。	行為をするのは「話し手」。 するかどうかを決めるのは「聞き手」。
既習の表現	～て。（①a） ～てもらえませんか。 ～ていただけますか。（①b）	～てもいい／かまわないですか。 （①c、①d、②c） ～こと（が）できますか。（②a） ～（さ）せてもらってもいいですか。（②d） ～（さ）せていただけますか。

　②bは許可与えなので、表内に該当するものなし。

■聞き取り練習 I

問題1 聞き取りのポイント

スキット①

(1) 会話では、男性が相手に「あ、兄貴」と呼びかけているので、二人の関係が「兄と弟」であることがわかります。「兄貴」という呼び方は、弟が兄を呼ぶ際に使われることが多いです。同様の表現に「姉貴」（弟が姉を呼ぶ際）があります。

(3)(4) 「兄貴の車、使わせてもらってもいいかなあって。」という許可求めに対して、「やだよ。お前の運転、あらいから。よく事故るし。」と一度断っていますが、「しかたねえなあ。じゃ、ガソリンも満タンにして、返せよ。」と条件つきで許可を与えています。

スキット②

(3)(4) 課長（岡田）は部下（小西）の「ネットに上げたいんですが、いいですか。」という許可求めに対して、「うーん、動画をネットに、ですか。」と相手の言葉を繰り返し、返事を一旦保留にしています。また、「ビデオ撮影について、募集のとき、どういうふうに説明してあります？」や「『インターネットにアップします』なんて言うと、本音を自由に話せなくなるんじゃないかな？」などと許可を求めた内容に関して、追加情報を求めたり問題点の指摘を重ねたりしています。そして、「事前に通知してないんだったら、やっぱりまずいんじゃないですか。」と否定的な理由を述べ、「アイデアはいいけど、今回はなしで。」と許可しないことを明言しています。このように許可求めの発話に対して、許可を与える人が返事を保留にしたり、質問を重ねたり、また、問題点を指摘したりするのは、許可をしたくない、あるいは許可は難しいと思っている場合が多いです。

スキット③

(1) ここは、スキット①、②のように人間関係が明確にわかる呼び方をしていません。川崎さん（男性）が、「応接室 A」「新規プロジェクトの打ち合わせ」「会議室のプロジェクタ」「大阪支社」などと言っていることから、職場での話であることがわかります。日本の会社では、「応接室」「会議室」など社内の部屋を誰が使うかは、受付が管理していることがよくあります。ここでは、川崎さんは藤原さんにカジュアルに話しかけていますが、藤原さんは全体的に丁寧な話し方をしています。ですが、「どうしました？」「予約が入ってるんで」などところどころカジュアルな表現が使われていること、また職場というフォーマルな場では相手との関係に関わらず丁寧な表現が用いられることも少なくないことを踏まえると、二人の関係は同僚同士であると考えられます。

(3)(4) 川崎さんが、「2時間ほど、使わせてもらってもかまわない？」と許可を求めたことに対し、藤原さんは、「えー、難しいですね。」と、許可を出せないことを間接的に表明しています。しかし、同時に「3時までならいいんですけど。」と条件付きで許可が出せる可能性を示したところ、川崎さんは「3時まででいいから。」とその条件を飲み、藤原さんから「了解です。」との返事をもらっています。

スキット④

(3)(4)　息子が「アルバイトしたいんだけど、いいかな」と許可を求めたことに対して、母親は
　　　即座に「だめだめ。来年、受験でしょ。」と許可をしないと言っています。父親は「まあ、
　　　勉強もちゃんとするんなら、お父さんはしてもいいような気もするけど。」と許可を与える
　　　ことに前向きの発言をした後で、「晩ご飯の時に、もう一回、みんなで話そうか。」と言って
　　　います。そのため、この段階では判断をまだ保留していると考えられます。

スキット⑤

(1)　このスキットでは人間関係が即座にわかるような呼び方をしていませんが、「この本、今日
　　　が返却日になってるんですけど、続けて借りるっていうのは、可能ですか。」と言っている
　　　ことから、図書館での会話であることがわかります。

(3)(4)　本を続けて借りることに関しては、「一旦、返却の手続きをしてから、引き続き借りて
　　　もいいですよ。」と許可を与えています。辞書を借りることについては、「閲覧のみ」でだめ
　　　だと言っています。

問題3

　　トラックナンバーの箇所を再生して表現を確認することができます。答えを書く欄があります
が、表現を全て書き取らなければならないわけではありません。口頭での確認だけでもいいで
しょう。
　　また、余裕があれば、「場面」と「相手」に応じた適切さだけでなく、許可を求めている人が、
「相手から簡単に許可が得られると思っている（許可：簡単）」のか、「相手から許可を得るのが難
しいと思っている（許可：難）」のかによって、どのような表現を選択しているかについても、話
し合ってみましょう。

［他の表現例］

①　「兄貴の車、使ってもいい？」
　　「兄貴の車、使うよ。」
　　「兄貴の車、使いたいんだけどさあ、いい？」
　　「兄貴の車、使わせてもらえたら助かるんだけど。」など

②　「…（動画を）ネットに上げてもよろしいですか。」
　　「…（動画を）ネットに上げてもかまわないでしょうか。」
　　「…（動画を）ネットに上げるっていうのはまずいですか。」など

③　「2時間ほど使ってもいいよね？」
　　「2時間ほど使わせてもらってもかまわない？」

「2時間ほど使いたいんだけど、いい／無理かな？」

「2時間ほど使えたら、助かるんだけど。」

「2時間ほど使わせてもらうってわけにはいかないかな？」　など

④　「アルバイトしてもいい？」

「アルバイトさせてくれたらうれしいなあって思ってるんだけどさあ。」　など

⑤　「続けて借りられますか。」

「続けて借りてもよろしいですか。」　　など

■聞き取り練習Ⅱ

聞き取り練習Ⅱは、居酒屋で職場の同僚らが新入社員について話している場面です。

問題2　聞き取りのポイント

①　「しぶしぶオーケー出したんだけどさ。」から、許可をしたことがわかります。

②　直接許可をしたとは言っていませんが、「結局、来なかったんだけどね。」から、許可が下りたことがわかります。

③　「『よし行って来い』って行かせたんだけど。」から、許可をしたことがわかります。

問題3　聞き取りのポイント

新入社員の発言を引用する際に、「『有休取らせてください』だって。」(スキット①)、「『研修旅行、行かなくてもいいですか』だって。」(スキット②)となっていますが、ここでの突き放すような「～だって」は、そのことを不満に思っていることを表しています。

①　「確かに、～んだけどさ。常識はずれだよ。」「仕方ないから」「しぶしぶ」から、快く思っていないことがわかります。

②　「『研修旅行、行かなくてもいいですか』だって。」「そんなに目くじらたてても仕方ないっていうか、そういう時代なのよ、きっと。」から、いいことだとは思っていないが、仕方がないとあきらめている様子がわかります。

③　「朝7時に出勤してがんばってるよ。」という発言から、新入社員に対して肯定的な評価をしていることがわかります。また、「若い子って言ってもいろいろいるよ。」から、先の2人の若い人への否定的な評価が必ずしも若者全体に当てはまるわけではないという意見を述べています。

■ポイントリスニング

①　「お返事しかねるんですが。」から、保留であることがわかります。

②　「今回だけですよ。」と条件付きですが、許可を与えています。

③　「ずっとってわけじゃなかったら」という条件付きで、「かまわない」と許可を与えています。

④　「困るんですよ。」から、許可を与えていないことがわかります。

⑤　「明日までに返してくれるんなら」という条件付きですが「貸してあげてもいい」と許可を
　　与えています。

⑥　「木村さんにきいてみないとなんとも言えないけど」から、返事を保留していることがわか
　　ります。話し手自身は「まず無理なんじゃないかなあ。」と否定的な見解を述べています。

⑦　「しかし、わたしの立場じゃねえ。」という発話から、（私の立場では）許可を与えることがで
　　きないと述べていることがわかります。

⑧　「ちゃんと勉強するって約束できるんなら」という条件付きですが、「バイトしてもいいと思
　　うけど。」と許可を与えています。

　③、⑤、⑧は、許可を与えていますが、「～けど」で文が終わっています。「けど」と言いさし
で発話を終えていることから、話し手が100％許可を与えてもいいと考えているわけではないこ
とを確認してください。また、話し手が何を伝えようとしているのか、これらに続く部分を学習
者に考えさせてもいいでしょう。

＜続く部分の例＞

③　「私も使う予定があるので、終わったら早めに返してもらえますか。」

⑤　「明日必ず持って来てね。」

⑧　「本当に、ちゃんと勉強できるの？」

　さらに、「許可する、許可しない、わからない」だけでなく、話し手がどのような気持ちで述
べているか（快く許可したか、嫌々なのか、困っているか、など）についても、意見を述べ、どう
してそのように判断したのか、話し合うといいでしょう。

■重要表現のポイント

　ここでは、「許可を求める」「許可を与える」「条件を述べる」「許可をしない」という４つの機能
を取り上げます。

許可を求める

1）　許可を求める側が、簡単に、あるいは当然許可がもらえるだろうと思っている場合は、自分
　　の行為を宣言する言い方をしたり、相手に同意を求める言い方をすることがあります。

　　▶自分の行為を宣言する

　　例　　この車、使うよ。／ここ、座るよ。

　　▶相手に同意を求める

　　例　　ここで作業してもいいでしょ？／明日まで借りててもいいよね？

　　これらの「～でしょ？」「～よね？」という表現は、自分の考えを一方的に述べるものであ
るため、強引で失礼な印象を与える可能性があります。そのため、フォーマルな場面や目上
の人に対しては普通使いません。例：（上司に）「×明日休ませていただけますよね？」

2） 許可を求める側が、許可の内容が相手にとって不都合なことである、あるいは、許可をもら
うのが難しいと思っているような場合は、「～（さ）せてもらう」を用いて遠回しに頼むこと
が多いようです。《次のような場合はどう言いますか》の③は会社を早退することは同僚に
も迷惑がかかることなので「～（さ）せてもらう」を使って許可を求めていますが、④の自
分が授業を欠席することは自分だけの問題となるので、「～てもいいですか」という表現を
使っています。

例　👕明日まで使わせてもらえたら、助かるなあ。／先に使わせてもらえないかなって。

　　👔明日休ませていただくわけにはいきませんか。

　　👔早めに帰らせていただけると、ありがたいんですが。

また、聞き取り練習Ⅰ④の「アルバイトしたいんだけど、いいかなって」の「って」につ
いては、「～と言っている」という伝聞ではなく、「～と思って頼んでいる」という意味であ
ることを確認してください。

3） 施設などで規則として許可されているかどうかを尋ねる場合は、「～てもいいですか」のほ
かに、可能かどうかを尋ねる表現を用いることもあります。

例　👔ここでタバコが吸えますか。／この写真を撮らせてもらうのは可能でしょうか。

4） 許可を申し出る際の前置き表現には、以下のような表現があります。

例　👕悪いんだけど。／申し訳ないけど。

　　👔申し訳ないんですけど。／申し訳ありませんが。

《次のような場合はどう言いますか》

ここでは学習者が、相手との人間関係や許可を求める内容によって用いる表現が異なることを
理解しているかどうかを確認します。👕と👔の使い分けだけでなく、許可を得たい内容が相手
にとって負担になることなのか、あるいは簡単に許可が出せるようなことなのかなどクラスで話
し合ってみるとよいでしょう。

下の解答は一例です。学習者が考えた表現について、適切かどうかだけでなく、なぜその表現
を使ったのかについても考えさせるようにしてください。学習者の文化背景により、許可を求め
る内容や相手についても考え方が異なるかもしれませんので、そのような違いについても注目し
て話し合うとよいでしょう（例えば、隣に座っている友人にペンを借りるときに許可を求める必
要はなく、何も言わずに借りてもよい、など）。また、許可を求める際にどんな理由を述べるか
についても考えさせるとよいでしょう。

[解答例]

① もしよかったら一緒にいい？／ここ（座っても）いい？

② 明日まで借りててもいいかな？／あと一日使わせてもらえたらすごく助かるんだけど。

③　早退させていただきたいんですが。／早退してもよろしいでしょうか。

④　早退してもいいですか。／早退したいんですが。

1)　許可を与えるという状況には、まず、こちらから一方的に、何が許可できるか、あるいは許可されているかを相手に伝える場合が考えられます。フォーマルな場面で複数の相手に許可を与えるようなときには、「いいです」「かまいません」と言い切ることもありますが、一対一の会話の場合は「〜よ」「〜けど」で終わることが多いです。

> 例　教師が学生たちに：このテストは、辞書や教科書を見て答えてもいいです。
>
> 上司が部下たちに：新商品の企画案は、一人2つ以上出してもかまいません。
>
> 「冷蔵庫のジュース、飲んでもいいよ。」「ほんと？　ありがとう。」
>
> 「履歴書は面接の時でかまいませんけど。」「わかりました。ありがとうございます。」

2)　許可を求められてそれに答える際には、「〜てもいい」で答えるのではなく、単に「いい」や「かまわない」とだけ述べて相手が望む行為に問題がないと伝えたり、「どうぞ」や「〜て（ください）」の形で相手に行為を促したりすることが一般的です。くだけた会話では「全然OK」のような表現も使われます。

▶その行為に問題がないと言う

> 例　うん、いいよ。／うん、かまわないけど。
>
> はい、いいですよ。／ええ、かまいませんよ。

▶その行為を積極的に促す

> 例　うん、どうぞ。／うん、どうぞ使って。
>
> ええ、どうぞ。／どうぞご自由におかけください。／はい、お使いいただけます。

3)　目上の人に許可を求められた場合は、「（〜ても）いい」といった許可の表現で答えると失礼になりかねないため、代わりに、「大丈夫です」などの表現を用いて問題のないことを示します。

> 例　学校で
>
> 教師：カイさん、明日会って話す予定でしたけど、明後日にしてもらってもかまわないですか。
>
> 学生：はい、大丈夫です。

1)　条件つきで許可を与える場合には、「〜なら」「〜だったら／〜でしたら」「〜ば」などを用います。条件の内容が「すぐ返す」のように具体的な行動を示す場合は「〜んなら」「〜んでしたら」となることもあります。また、条件内容が許可を出す者に向けられた行為である場合は、「〜てくれる」「〜ていただける」のように言います。

例 👕 明日までなら、いいよ。

👕 顔写真を使わないんならかまわないよ。

👕 すぐ返してくれるんだったら、いいよ。

👔 こちらのタイプでよろしければ、かまいませんよ。

👔 洗濯機は外に置かれるんでしたら問題ありませんが。

👔 今日中に戻していただけるんでしたら、お貸しできますが。

　ほかに、「～（ということ）でお願いします／したいんですが」という表現で、条件を述べる言い方もあります。

例 👔 ホールのご使用は4時半までということでお願いします。

2)「～っていうわけじゃなかったら」という表現は、そのケースに当てはまらなければ許可が出せるという意味です。👔の場面では、「～ということでなければ」になります。

例 👕 毎日っていうわけじゃなかったら、手伝ってもいいよ。

👔 毎日ということでなければ、いいですよ。

《次のような場合はどう言いますか》

A. 許可する

　ここでは、相手との人間関係と求められた許可の内容に応じて、許可をする側がどう返答するか考えます。下の解答はいずれも二つ返事で許可を与えていますが、そうではない場合についても学習者に考えさせるといいでしょう。

[解答例]

① ああ、いいよ。／いや、全然オッケーだよ。

② どうぞ。／いいよ、いいよ。

③ ええ、どうぞ。／はい、かまいませんよ。

④ ええ、かまいませんが。／はい、いいですよ。

B. 条件付きで許可する

　ここでは、許可を求められた場合に、条件付きで許可を与える言い方を確認します。下の解答は一例です。

[解答例]

① 土曜日だったら、いいよ。／一日中ってわけじゃなかったらいいけど。

② あんまり遅くまでじゃないんならいいよ。／静かに話してくれるんならかまわないけど。

③ 月曜日の朝までなら待てますけど。／月曜日の朝10時までに出せるんならいいですけど。

④ それまででよければ、いいですよ。／5時には空けていただくということでお願いします。

許可をしない

1) 許可をしない、あるいはできない場合、家族や非常に親しい友人には、直接的な表現で許可をしないと伝えることもありますが、そのような関係でない場合、相手との良好な人間関係を維持するために、許可が容易でないことを述べて返事を一旦保留にし、相手に察してもらうような発話をすることがあります。さらに、許可を求められた内容や相手との関係に応じて、相手の希望に応えられないことに対して申し訳ないと思う気持ちを表し、許可できない理由や状況を説明することも多いでしょう。また、代替案を提示することもあります。代替案の提示の仕方は、重要表現「許可を与える」の「条件を述べる」を参照してください。

▶返事を一旦保留にする

例 👕えー、今日？／うーん、それはちょっと無理かな。

👔えっ、今週ですか。／えっ…、ちょっと難しいですね。

▶申し訳ない気持ちを表す＋理由・状況を述べる

例 👕ごめん、今使ってて。／申し訳ないけど、写真のアップはちょっと…。

👔申し訳ないんですが、午後からはすでに予約が入っていまして。／
すみませんが、他のお客様のご迷惑になりますので。

2) 許可できない理由が規則などで決まっているような場合は、以下のような表現を用います。

例 👕友だちは、寮に泊めちゃいけないことになってるから。

👔館内ではタバコを吸ってはいけないことになっているんです。

　店や施設などで利用者などに許可できないことを伝える場合には、「〜はご遠慮いただいている」という表現も用いられます。

👔館内では携帯電話の通話は、ご遠慮いただいています。

《次のような場合はどう言いますか》

　ここでは、許可を求める相手に対して、許可が出せないときにどのように答えればよいかを確認します。単に許可できないというだけでなく、相手の希望に沿えないことを申し訳なく思う気持ちを表したり、相手が納得できるような理由や状況を説明したりすることで、相手との良好な関係を維持することができます。👕と👔の使い分けだけでなく、許可を求められている内容によって、相手にどのように言えばよいかを考えさせてみてください。もし断られるのが自分なら、どのように言われれば納得しやすいかを学習者と話し合うのもよいでしょう。下の解答は一例です。学習者が考えた表現について、適切かどうかだけでなく、なぜその表現を使ったのかについても考えさせるようにしてください。

［解答例］

① あ、ごめん。週末使う予定にしてて。／悪いけど、週末出かけるんだ。

② 明日？　ごめん、あさってテストだから静かに勉強したいんだ。／うーん、明日の夜は友達とここで勉強しようと思ってて。

③ あちらはスタッフ用ですので、参加者の方はこちらにお願いします。／申し訳ありませんが、参加者の方には2列目以降にお座りいただくことになっています。

④ えっ、録音ですか…すみませんが、録音はちょっと…。／えっ、私の発表を、ですか。すみませんが、それはちょっと…。

■ロールプレイのポイント

　ロールプレイの際には、適切な表現が用いられているかだけでなく、話の進め方が適当かどうかも、クラスで話すような時間を持ったほうがいいでしょう。許可を求める際の話の進め方は、次のようになります。

　許可を得にくい内容であるほど、また相手が目上の人や、親しくない人ほど、許可を求める前に事情を説明するなどの段階が必要になってきます。

［許可を得やすい内容だと話し手が思っている場合］

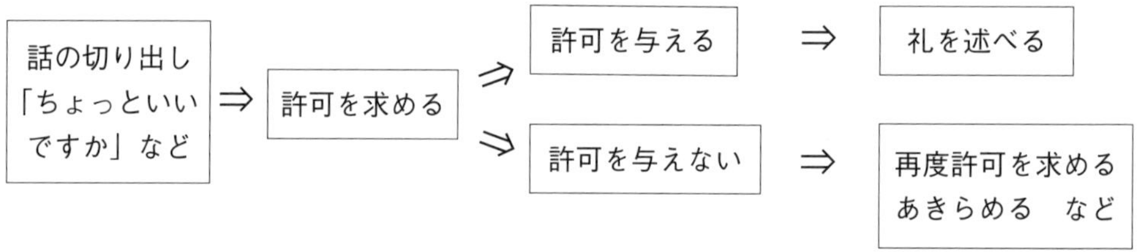

［許可を得るのが難しい内容だと話し手が思っている場合］または、［あまり親しくない人や目上の人に許可を求める場合］

【音声ファイルを活用した会話練習例】

・聞き取り練習Ⅰを活用して、許可を求める人と許可を求められた人との人間関係や、許可を求めた内容について、双方がどのように考えているかという観点から、設定を変えてロールプレイ練習をすることができます。

・聞き取り練習Ⅰスキット③(track 34)は、応接室を接客以外で用いることはできないというルールがあるという設定や、許可を求める側が「応接室を当然使うことができる」と考えているという設定も可能です。

・聞き取り練習Ⅰスキット⑤（track 37）は、図書館員が許可しない場合にどのように交渉するかを考えて、ロールプレイを行うことができます。

・聞き取り練習Ⅱについては、ここで話している内容をもとに、実際に新入社員が許可を求めている場面をロールプレイで再現してみてもいいでしょう。

【その他のロールプレイタスクの例】

　※ロールプレイは、学習者が実際に遭遇する場面を想定して、設定してください。

・（友人に）自分の自転車が壊れたから、友人のをしばらく使わせてほしいと言う。

・（友人に）試験前にノートを見せてほしいと言う。

・（ルームメートに）ルームランナーを買いたいと思っているが、部屋に置くスペースがないのでリビングに置いてもいいかどうかたずねる。

・（ルームメートに）自分のプリンターの調子が悪く、今日提出のレポートの印刷ができないので、ルームメートのプリンターを使わせてほしいと言う。

・（バイトの店長に）月曜日の朝9時から大事な試験があるので、日曜日の夜のシフトを休みたいと許可を求める。

・（先生に）入国管理局へ行かなければならないのでクラスを休みたいと許可を求める。

・（先生に）プリンターが壊れたので、PDFにしてメールの添付で送ってもいいか聞く。

・（知らない人に）公園でお花見の場所とりに行っている。隣のスペースに、レジャーシートを敷いてもいいか聞く。

・（同僚に）明日のプレゼン資料がまだできていないが、急用ができたので今日は残業せずに帰りたいと伝える。その代わり、資料は明日の朝早く出社して完成させる。

・（上司に）出先から職場に戻るのが遅くなりそうなので、直帰してもいいかどうかたずねる。

　ロールプレイに慣れていない学習者の場合、既出のモデル会話の流れをそのまま使い、キーワードだけを変えていく「シナリオ暗記」的な練習になってしまうことが多いようです。ロールプレイに慣れていない学習者には、下の「ロールプレイ準備シート」を用いて、ロールプレイタスクについて、ペアの学生と共に設定を確認し、どのように話を進めるのがいいか考えさせるとよいでしょう。

■ロールプレイ準備シート　　※ ロールプレイシート＝ p.124 

　2人でペアになり、ロールプレイタスクについて下の内容を相談して決めてください。そして、どのように話を進めればよいか2人で準備してから、ロールプレイをしましょう。

> **例**　ゼミの発表の日に、急に大切な用事が入ってしまったので、授業を休みたいと考えています。先生と話してください。

話す場所	教室で。授業の後。
誰が誰に？	学生（リー）➡ 教師
人間関係	教師と学生
許可を求めること	ゼミの発表の日に大切な用事ができてしまったので、別の日に発表させてほしい。
許可を得るのは難しい？簡単？	少し難しい。他の学生のスケジュールもすでに決まっているので、簡単に発表の日時を動かせない。
使う表現	【許可を求める人（リー）】 ・どうしてもその日、行かなければならないところができてしまったので、休ませていただけませんか。 【許可を与える人（教師）】 ・その次の授業の時にできるならいいですよ。
会話で工夫すること	・学生は別の日時に発表させてほしいと言う。 ・学生は用事の内容を伝えることで、教師の理解を求めることもできる。 ・教師は、リー自身が自分と発表の日時を変わってくれる学生を見つけるならという条件で許可を出すこともできる。

■ 練　習 ーもういっぱいー　　※ 練習シート＝ p.125 

　「練習ーもういっぱいー」は、スキットの語彙の使い方や重要表現の理解を確認するための練習問題です。シートをコピーして、宿題として使うこともできます。

[解答]

[1]　①あらためて　　②あらたまって　　③しぶしぶ　　④まったく
　　　⑤決まっている　　⑥決めている

[2]　①インターネット上にアップすること
　　　②自身の肖像（自分自身の姿）の写真や動画などを、勝手に利用・公表されない権利
　　　③一生懸命すること
　　　④社会の一般的な考え方とは違っていて、適切ではないこと

⑤ 運転がていねいでないこと、事故を起こしそうな危ない運転

［3］（解答例）

① バッグが無理なら、バッグの中の物、少しだけでもいいんだけど。／

今日の夕方まででいいから。

② 歩く邪魔にならないようにしますので。／午後までの2時間ぐらいなんですけど。

③ 30分ぐらいで済むと思うんです。／終わり次第すぐ片付けますので。

（解説）いずれも許可を求められた相手が、快諾をせず許可を出すことをためらっています。そのような場合には、許可を求めた側が、相手の気持ちや状況を察し、許可が得やすくなるような条件を提示することがあります。例えば、相手が懸念していることや、相手が不都合になることは何かを考え、それを回避することを約束することで、相手は許可が出しやすくなります。それぞれの状況で、どのような条件を出すことで相手から許可がもらいやすくなるかを考えてみましょう。

LESSON 4 　「渋滞してるらしいですよ」―確かな情報・不確かな情報―

【この課で学習する内容】

　第4課では、トピックとして交通事情を取り上げ、情報を伝えるという機能を扱っています。情報を伝える場合、話す人が自分で判断したことか、それとも他の情報源から得たものなのか、という情報の出所の違いによって、断定的に述べるかどうかというような情報の伝え方が変わってきます。同様に、確信度の違い、換言すれば、その情報についてどの程度自分が責任を負うのか、もしくは、負ってもいいと考えているのか、その度合いによっても断言するかどうかといった情報の伝え方が異なります。

　ここでは、情報の出所とその確信の度合いによって情報の伝え方が異なることを学びます。

■聞き取り練習の前に

何かの理由で、友人との待ち合わせの時間に遅れそうです。あなたなら、何と言いますか。

　交通事情について話す場面で多くの学習者が経験していると考えられる「待ち合わせに遅れることを説明する」という場面を取り上げました。これまでにこれと同じような経験があったか、また、そのときになんと言ったかクラスで話し合ってみてください。

　「自転車がパンクした」「寝坊した」「バスに乗り遅れた」のように、自分の失敗で待ち合わせの時間に遅れる場合と、「バスが渋滞に巻き込まれた」「電車が遅れている」のように何らかの不可抗力で待ち合わせに遅れてしまう場合があります。後者の場合、それがどの程度確かな情報なのかによって、伝える表現が変わってくることに気づかせるといいでしょう。

■こんなとき、どう言いますか

　自分が伝えたい情報は、a. 誰かから聞いたことなのか、b. 話し手の考えなのかを問う問題です。b. 話し手の考えの場合には、ある情報を得て話し手が判断を下したことを伝える場合と、話し手が直接体験したことを伝える場合があります。

a. 誰かから聞いたこと	b. 話し手の考え
［普通形］＋そう	［ます形の語幹］＋そう
［普通形］＋んだって	［普通形］＋んじゃない？／じゃないかなあ
［普通形］＋みたい※	［普通形］＋と思う
［普通形］＋らしい	［普通形］＋みたい※

※　「～みたい」は、断言を避ける働きを持っていて、ある情報を誰かから聞いた場合にも話し手自身が考えた場合にも用いることができます。

① 　ウ）の「～んだって。」は、イントネーションによって、意味が異なります。上昇イントネー

ションの場合は他から得た情報の確認で、下降イントネーションの場合は情報を伝える意味になります。

② ア)イ)ともに話し手の考えですが、ア)は、話し手が直接体験したこと(満員電車で通勤したこと)に関する感想、イ)は、自分は満員電車で通勤していないが、満員電車で通勤したとしたら疲れるだろうと推測した内容を述べています。

③ ア)は、聞き手が子どもの送り迎えを行っていることに対しての話し手のコメント、イ)は、話し手が実際に子どもの送り迎えをして感じている感想です。ウ)は人から聞いたことを伝えています。

④ ア)とイ)を比較する際に、聞き手に同意を求める「～ね」と自分の知っている情報を相手に与える「～よ」の違いを確認してください。「～みたい」は、他から得た情報を伝える場合と自分が考えた内容を伝える場合の両方で用いることができます。

⑤ ア)の「～みたい」とイ)の「～らしい」は、情報を他者から聞いた場合、ウ)の「～と思うけど」は、話し手の考えを述べる場合に用います。

■聞き取り練習Ⅰ
問題1 **聞き取り練習のポイント**
スキット①
(1) どちらの男性(乗客)も丁寧体を使って話しているので、「イ．知らない人同士」だということがわかります。

(2)「このまま乗ってたほうがいいかな」という言葉から、電車に乗っているということがわかります。

(3) の遅れた原因は、「落下物」があるようで、「ダイヤが乱れて(い)る」からです。

(4)「なんか、～とかって、言ってましたけど。」「～のどこからしいですよ。」「～とか何とかで、～言ってましたからね。」から、他の人から聞いた内容を伝えていることがわかります。また、「なんか」「～のどこか」「～とか何とか」という表現から、この話し手自身も、情報を正確に全部聞き取っているわけではないことがわかります。

スキット②
(1)(2)「ちょっとこのままだと間に合いそうにないし、一番近くの駅まで行ってもらえません？」とどこに行くか指示しているので、タクシー運転手と乗客の会話だということがわかります。

(3)「もう3時間もたってるから、その事故のせいだけだとは思えないんですけどねえ。」という発話から、遅れた原因の可能性は事故にあるのかもしれないが、原因は他にもあると考えていることがわかります。

(4)「(その事故のせいだけだ)とは思えないんですけどねえ。」と自分の意見を述べているので、話している人の考えとなります。

[スキット③]

(1)(2) 普通体で話しているので友人同士だということがわかります。また、「delay（ディレイ）」や「カウンター」「飛行機」という言葉から空港だということが明らかです。

(3)「クルーが乗ってる飛行機が、ちょっと遅れてる」とカウンターで聞いた内容を伝えています。

(4)「クルーが乗ってる飛行機が、ちょっと遅れてるんだって。」「1時間ぐらい遅れるらしい。」という発話から、他の人から聞いた情報を伝えていることがわかります。

[スキット④]

(1)(2) どちらも丁寧体を使って話していることと、一人が「終点の仙台まで、あとどのぐらいかかりますか。」ともう一人に尋ねていること、また、「15分後にバスにお戻りください。」というアナウンスがあることから、場面は長距離バス内で、一人が乗客、もう一人が運転手であることがわかります。

(3)「昨日の台風の影響で、高速道路の状態がよくないとこがあって、それで、一車線になってるとこがあるんですよ。」という発話が遅れている原因を説明している部分にあたります。

(4) (3)で挙げた発話では現在の道路状況についての情報源を明らかにしていませんが、断定的に言い切っていることから、ラジオの交通情報や高速道路の表示など他から得た信頼できる情報を確信を持って伝えていると考えられます。

[スキット⑤]

(1) どちらも普通体で話していて、「おばあちゃんち」について言及していることから、親子であることがわかります。

(2)「高速」に乗っていることから、親が運転している車（自家用車）の中での会話であると考えられます。

(3)(4) 遅れの原因は、「工事で制限速度60キロ」であるためで、「〜って書いて（あ）るから」から、道路標示から得た情報であることがわかります。

問題3

　トラックナンバーの箇所を再生して表現を確認することができます。答えを書く欄がありますが、表現を全て書き取らなければならないわけではありません。口頭での確認だけでもいいでしょう。

　また、余裕があれば、会話の場面や相手との人間関係だけでなく、話し手の判断なのか、それとも、他から得た情報なのか、そして、確信の度合いによって、どのような表現を使い分ければよいかについても話し合ってみましょう。

［他の表現例］

① 「トンネル内で事故が起きたかなんからしいですよ。」
　「トンネル内で事故が起きたんですって。」（女性的な表現）

② 「今朝、この先の踏切のあたりで、車同士の衝突事故がありましてね。」
　「今朝、この先の踏切のあたりで、車同士の衝突事故が起きたって聞きましたよ。」
　「もう三時間もたっているから、その事故のせいだけだとは考えられないんですが。」
　「もう三時間もたっているから、その事故のせいだけじゃないって思うんですけど。」

③ 「クルーが乗ってる飛行機が、遅れるらしいよ。」
　「クルーが乗ってる飛行機が、遅れるみたいだよ。」
　「その飛行機がまだ着いてなくて、1時間ぐらい遅れるみたい。」
　「その飛行機がまだ着いてなくて、1時間ぐらい遅れるんだって。」

④ 「昨日の台風の影響で、（中略）一車線になってるとこがあるって聞いていますけど。」
　「昨日の台風の影響で、（中略）一車線になってるとこがあるらしいんですよ。」

⑤ 「この辺、工事で制限速度60キロって書いてるし、それ守らないと。」
　「この辺、工事で制限速度60キロになってるから、それ守らないと。」

■聞き取り練習Ⅱ

　聞き取り練習Ⅱでは、話し手が電話で交通に関する状況について話をしています。話し手は、聞き手に、自分の置かれた状況を説明した上で、希望を述べています。話し手は、何を伝えたくて電話をしたのか、その情報をどのようにして知ったのか、聞き手に何をしてほしいと伝えているのかを聞き取ります。

問題1　聞き取りのポイント

① 「今、高速、すごく混んでて。事故のせいで一車線になっててさあ。」から、高速が混んでいることと、話し手自身が運転していてその情報を知ったことがわかります。

② 「大型の台風が接近してて、羽田空港の発着便、全部ストップしてる」ことを、「テレビで見た」と言っています。

③ 「どこかで人身事故があった」らしく、話し手は、今、「ホームに人があふれてて、なかなか電車に乗れそうにない」という状況にいます。「ホームに人があふれてて」という発話から、話し手は今、駅のホームにいてそれを知ったことがわかります。

④ 話し手は、今の時間帯だったら、「バスも混んでて座れないかもしれない」と心配しています。そして、それは、話し手自身が経験上知り得た情報であると考えられます。

問題2　聞き取りのポイント

① 「会議、僕のこと待たないで先にみんなで始めといて。」から、自分が到着するのを待たずに会議を始めてほしいと頼んでいることがわかります。

② 「搭乗できることになったら連絡してね。」から、搭乗できるようになったら、自分に知らせ
てほしいと頼んでいることがわかります。

③ 「9時半からの打ち合わせ、1時間ぐらいずらしていただきたいんですが。」から、打ち合わ
せの時間を1時間遅くしてほしいと頼んでいることがわかります。

④ 「迎えに来てくれません？」から、自分を迎えに来てほしいと頼んでいることがわかります。

問題3 判断のポイント

① 現在、実際に交通渋滞に巻き込まれていることから、この情報は確実だと考えられます。

② テレビで見たと言っているので、この情報は確実だと考えられます。

③ 「ホームに人があふれてて、なかなか電車に乗れそうにないんですよ。」と言っているので、
この人は今ホームにいて、電車が遅れていることを直接体験していて、電車が遅れるという
のは確実な情報であることがわかります。しかし、「どこかで人身事故があったのかな。」と
いう発話から、人身事故が本当にあったかどうかはわからないようです。

④ 「この時間帯だったら、バスも混んでて座れないかもしれないし。」と「かもしれない」と
言っているので、バスが混んでいて座れないかどうかは、話している本人も確信がないと考
えられます。

■ポイントリスニング

① 「〜してもいいはずなんだけどねえ」から、話し手が当然そうであるべきだと考えているこ
とがわかります。

② 「〜ありました」という断定的な言い方とニュースキャスターやレポーターが話すような口
調から、確実な情報であることがわかります。

③ 「不通になっております」と断定的に言っていることから、確実な情報であることがわかり
ます。断定的な話し方からも、テレビやラジオのニュースであると考えられます。

④ 「天気予報で言ってたけど」「〜らしいよ」から他から得た情報だということがわかります。
信頼できる情報源であれば、話し手がこの時点で「確実に知っている情報」であると理解す
ることもできます。

⑤ 「〜んじゃないかなあ」から、話し手の考えであることがわかります。

⑥ 「〜らしいですよ」から、他から得た情報だということがわかります。

⑦ 「〜んじゃないの？」から、話し手の考えであることがわかります。

⑧ 「〜んだって」から、他の人から聞いた情報だということがわかります。

■重要表現のポイント

　ここでは、「他から得た情報を伝える」「自分で判断したことを伝える」「確かな情報であること
を示す」「不確かな情報であることを示す」の4つの機能を取り上げます。

1) ここでは、情報の出所によって言い方が異なることだけでなく、自分がその情報にどの程度責任を持とうとしているのか、換言すれば、情報に対する確信の度合いの表明の仕方によっても、使う表現が異なることを学習者に理解させてください。例えば、同僚が仕事を休んだ理由が私用であると知っていたとしても、上司からその理由を聞かれたとき、「なんか、熱を出したようなことを言ってましたけど」のように、内容に対して自分は責任を持てないという気持ちを表しつつ、同僚にとって不利益にならないような発話をすることがあります。このとき、情報に確信を持っていないことを表しておくのは、結果的に自分の伝えた内容が事実と異なっていても、責任を問われないようにするためでもあります。学習者には、確信の度合いによって情報の提示の仕方が変えられるということを、具体的な例を出して説明するといいでしょう。

> ▶ 確信の度合いが高いことを示したいとき＝その情報に責任を持ってもいいと考えているときの言い方
>
> 例　👕 山田さん、今日の会議に遅れるんだって。
>
> 　　👔 山田さん、今日の会議に遅れるそうですよ。

> ▶ 確信の度合いが低いことを示したいとき＝その情報に責任が持てない、あるいは持ちたくないときの言い方
>
> 例　👕 山田さん、今日の会議に遅れるとかって聞いたけど。
>
> 　　👔 山田さん、今日の会議に遅れる（ということ）らしいですけど。

2) 上述の「確信の度合いが低いことを示したいとき」の表現に、下線部の表現を付け加えると、さらにその情報に確信がないことが強調されます。

> 例　👕 山田さん、<u>なんか</u>、今日の会議に遅れる<u>とか</u>言ってたよ。
>
> 　　👕 自分の車<u>かなんか</u>で来る<u>らしい</u>よ。
>
> 　　👔 松田さん、先週から入院してる<u>とかなんとかって</u>聞きましたけど。
>
> 　　👔 自分の車<u>かなんか</u>でいらっしゃる<u>ようなこと</u>聞きましたけど。

3) 「んだって」はイントネーションで意味が異なります。相手に確認したいときには、一度下がって上がるイントネーションになりますが、情報を伝達したいときには、下降イントネーションになります。教師が実際に発話してみせるのがいいでしょう。

《次のような場合はどう言いますか》

　ここでは、相手との人間関係と情報源によって、相手にどのように伝えるかを確認します。👕と👔との使い分けだけでなく、どの程度確信を持って相手に情報を伝えたいかによって表現が変わることをクラスで話し合ってみるとよいでしょう。下の解答は一例です。学習者が考えた

表現について、適切かどうかだけでなく、なぜその表現を使ったのかについても考えさせるようにしてください。

[解答例]

① 大学の友人に伝える

    a）WEB の情報を見て…

      A：月曜、4 限の木村先生の授業、休講らしいよ。／月曜、4 限の木村先生の授業、休講って出てたよ。

      B：わ、知らなかった。ありがとう。

    b）友達から聞いて…

      A：鈴木先生、出張で来週は大学に来ないとかいう話だよ。／鈴木先生、出張で来週は大学に来ないって聞いたよ。

      B：そうなんだ。やったー、じゃ、来週の授業は休講だね。

② 同僚に伝える

    a）掲示を見て…

      A：立川から八王子まで不通みたいですよ。／中央線で踏切事故があったみたいですね。

      B：そうなんですね。だから、人が多いんですね。

    b）ホームで人が話しているのを聞いて…

      A：駅のそばに、新しいショッピングモールができたって、言ってましたよ。／駅のそばに、新しいショッピングモールができたんですって。（女性的な表現）

      B：へえ、そうなんですね。今度、行ってみます？

③ 先生に伝える

      A：はい、なんか頭が痛いとかって、言ってました。／はい、頭が痛いから休むそうです。

      B：あ、そうなんですね。わかりました。

自分で判断したことを伝える

1）話し手が自分の判断を、確信を持って伝えたいときに、「～はず」「～に決まっている」などの表現を使います。前者の「はず」は、客観的な根拠がある場合に用いられます。そのため、それを聞いた人であれば誰もがその根拠と結果の関係に納得できる内容を伝えるときに使われます。一方、「～に決まっている」は、話し手の主観が色濃く反映される表現です。そのため、話し手の思い込みや決めつけなど、客観的な理由がなくても用いることができます。

    客観的であれ主観的であれ、どちらも話し手が自分の判断に自信があるときに用いられ、強く言い切る表現であるため、場合によっては相手を非難したり、それ以外の考えを否定したりしているように聞こえます。そのため、使うときには注意が必要です。

例　👕WEB に出てたし、今日、木村先生の授業、休講になるはずだよ。

　　👕田中君、時間通りに来たためしがないから、今日も遅れるに決まってるよ。

　　👔昨日電話でもおっしゃっていましたから、今日はいらっしゃるはずですよ。

2）一方、「〜かもしれない」や「〜んじゃない？」は確信のない情報を伝えるときだけでなく、確かな情報であっても自分の考えを和らげて伝えるときにも用いられます。

例　👕WEB に出てたし、今日、木村先生の授業、休講になるかもね。

　　👕田中君、時間通りに来たためしがないから、今日も遅れるんじゃない？

　　👔昨日電話でもおっしゃっていましたから、今日はいらっしゃらないかもしれないですね。

《次のような場合はどう言いますか》

　下の解答は一例です。学習者が考えた表現について、適当かどうかだけでなく、なぜその表現を使ったかについても確認するようにしてください。

［解答例］

① うん、でも、先生、いつも 5 分ぐらい遅れてくるから、大丈夫なんじゃない？／うん、でも、先生、よく授業に遅れてくるから、心配ないんじゃないかなあ。

② うん、一緒に行けるんならいいけど、なんか、最近アルバイトでむちゃくちゃ忙しいんじゃないかなあ。／うーん、でも、無理かもよ。バイトが忙しいはずだから。

③ 朝と夕方は混むんですが、昼間なら、混むことはあまりないので、バスでもいいんじゃないかと思いますよ。／朝や夕方じゃないから、タクシーでなくても大丈夫だと思うんですが。

④ もしかしたら、そうかもしれないですねえ。／休まれる可能性は高いかもしれないですね。

確かな情報であることを示す／不確かな情報であることを示す

1）「きっと」「絶対（に）」は、話し手がそうであると確信している内容を伝えるときに用いられる副詞表現です。したがって、呼応する文末表現に制限があり、文末は言い切りや「と思う」「じゃないかな」が使われ、「かもしれない」などの不確かさを表す表現とは一緒に用いられません。これらは、👕と👔の両方に使えます。

2）ただし、「絶対（に）」については「絶対に行きます／大丈夫ですよ」などのように自分の意志や主観的な判断を述べるときに、「絶対（に）」を👔の状況で使っても問題ありませんが、外から得た情報を伝えるときに「絶対（に）」を👔の状況で使用すると、「根拠が乏しいにも関わらず自分の主張を強く述べている」という印象を与えかねますので注意が必要です。

3）「確かに」は、「見た、聞いた、読んだ」などと一緒に使われ、話題になっている事柄について、自分が確実にその情報を見たり聞いたりした経験があるということを相手に伝える表現です。そのため、情報源に言及することが多いです。

　　　例　👕 その記事、確かに、新聞で読んだよ。
　　　　　👔 確かに、ニュースで、20人亡くなったって聞きましたよ。

　　　　なお、「確かに」は、相手の言ったことについて相槌を打つときにも用いられます。このときは、上述とは少し意味が異なり、あなたが言った内容について、その内容を聞くまでは気づいていなかったけれど、自分もあらためてそのように思った、ということを伝えるときに使われます。

　　　例　👔 A：このプロジェクト、問題が多いので、やめたほうがいいんじゃないでしょうか。
　　　　　　　 B：確かに（そうですね）。

4）「もしかしたら／ひょっとしたら」は、話題になっている事柄の実現の可能性がとても低いことを表す表現です。呼応する文末表現は、「と思う」「じゃないかなあ」「かもしれない」など、可能性の低さを表す表現となることに注意する必要があります。

5）「確か／恐らく」は、「きっと」や「絶対に」よりは確信度が低く、「もしかしたら／ひょっとしたら」よりは確信度が高い場合に用いられます。しがたって、文末表現のバリエーションとしては、言い切りや「と思う」だけでなく「じゃないかな」も一緒に用いられます。しかしながら、「かもしれません」とは一緒に用いられませんから、注意が必要です。

6）「なんか／どうも」「とか何とかで」は、見聞きした情報についてそれほど確信がないことを伝えたいときに用います。呼応する文末表現には、「って聞いた／って言っていた／みたい／らしい」が使われます。

《次のような場合はどう言いますか》

　下の解答は一例です。学習者が考えた表現について、適当かどうかだけでなく、なぜその表現を使ったかについても確認するようにしてください。

［解答例］

① a）😊　うん、山本さんも確かにそんなふうに言ってたよ。／きっとオンラインだよ。ほかのみんなも、そのほうがいいって言ってるし。

　 b）😕　うーん、わたしはその可能性があるって聞いただけなんだけど、もしかしたら、そうなるかもね。／うーん。最近いつもそうだから、ひょっとしたら、そうなるかもね。

② a）😊　いつも遅いから、今日も、絶対に遅れてくると思うよ。／ああ、いつもそうだから、きっと遅れてくるんじゃない？

b）😐　ひょっとしたら、遅れてくるかもね。この時間、JR、よく遅れるから。／もしかした
　　ら、遅れるんじゃない？　昨日徹夜したようだから。

③a）🙂　きっと、今日が引っ越しなんだと思いますよ。／きっと今日なんじゃないですか。
　　引っ越し。

　b）😐　恐らく、引っ越し、今日なんじゃないかなと思います。／もしかしたら、今日なのか
　　もしれないですね。

■ロールプレイのポイント

　情報を伝える場合には、勧誘や許可求めの場合のようにある程度決まった話の流れの型はあり
ません。しかし、情報を伝える際には、ある情報が自分の判断か否か、もしくは聞いた情報なの
か否かをどこまで明らかにするのかということや、情報の出所を言うべきかどうかといったこと
についても考慮した上で、どのように伝えるべきかを考えなければいけません。そのことに気を
つけさせるようにしてください。また、「きっと」や「もしかしたら」などの確信の度合いを示
す副詞などの表現を使う場合は、それらと呼応する文末表現に注意を向けさせるといいでしょ
う。

【音声ファイルを活用した会話練習例】

・情報に対する確信の度合いや、今相手に伝えようとしている情報は人から聞いたことなのか自
　分の判断によるものなのかなどによって、聞き取り練習Ⅰとは異なる状況を考えて、ロールプ
　レイによる練習をすることができます。

・聞き取り練習Ⅰスキット①（track 47）はトンネル事故について、一緒に乗り合わせた隣の乗客
　と話す場面です。テキストにある会話例では、あまり詳しいことはわからないという設定で話
　をしていますが、詳しい情報を知っている場合を想定して、会話の続きを作ってみることがで
　きます。

・聞き取り練習Ⅰスキット③（track 50）は友人に、飛行機が遅れる理由について伝える場面です
　が、遅れる理由を変えたり、英語での説明がよくわからなかった場合などを想定して、会話を
　作ることができるでしょう。

【その他のロールプレイタスクの例】

　※ロールプレイは、学習者が実際に遭遇する場面を想定して、設定してください。

・（友人に）天気予報の情報をもとに、予定している明日のキャンプについて、どうするか相談
　する。

・（友人に）大学のホームページで見た休講通知について話す。

・（友人に）自分がやってみたいと思っている仕事を、友人の知り合いがしているのを知って、ど
　んな様子なのか質問する。（質問された友人が、よく知っている内容なのか、あまり知らない
　内容なのかによって、言い方を変える必要があるという点に注意させましょう。）

・（会社の先輩に）会議でのプレゼンの準備をどのように進めたらいいか質問する。

・（タクシーの運転手に）渋滞に巻き込まれたタクシーの中でどうすればいいか相談する。

・（駅員に）駅で電車が遅れている理由を尋ねる。

・（先生／秘書／同僚に）〇〇先生／上司の〇〇さんの部屋に行ってみるといなかった。近くに
　別の先生／秘書／同僚がいたので、次に〇〇先生／〇〇さんが来るのはいつか、どうすれば連
　絡がとれるのか、質問する。

　ロールプレイに慣れていない学習者の場合、既出のモデル会話の流れをそのまま使い、キー
ワードだけを変えていく「シナリオ暗記」的な練習になってしまうことが多いようです。ロール
プレイに慣れていない学習者には、下の「ロールプレイ準備シート」を用いて、ロールプレイタ
スクについて、ペアの学生と共に、設定を確認し、どのように話を進めるのか考えさせるとよい
でしょう。

■ロールプレイ準備シート　　※ ロールプレイシート＝ p.127 

　2人でペアになり、ロールプレイタスクについて下の内容を相談して決めてください。そして、ど
のように話を進めればよいか2人で準備してから、ロールプレイをしましょう。

> **例**　仕事先に行くために、バスターミナルで同僚と一緒に長野行きの長距離バスを待って
> います。ところが、出発予定の時間から15分過ぎましたが、バスは来ませんし、ア
> ナウンスもありません。それで、あなたはバスの切符売り場に様子をききに行きまし
> た。戻ってきて同僚と話をしてください。

話す場所	バスターミナル
誰が誰に？	同僚（カレン）　➡　先輩の同僚（リサ）
人間関係	カレンとリサは、同じ会社に勤めているが、それほど親しい関係ではない。用務先に出向くために、2人は長距離バスを待っているが、日本語に自信のあるカレンが、切符売り場に状況をききに行った。
情報内容	自分達が乗る予定のバスは途中で渋滞に巻き込まれているようだ。
相手に伝える情報に確信がある？あまりない？	あまりない。なぜなら、切符売り場の人も、あまり確かな情報を持っていないからだ。
使う表現	【他から得た情報を伝える（カレン）】 ・受付の人は、高速道路が渋滞してるとかって言ってましたけど。 ・どうも渋滞に巻き込まれたとかなんとかで、遅れているらしいですよ。 【自分で判断したことを伝える（リサ）】 ・恐らく、時間、まだかかりそうですねえ。

会話で工夫すること	・自分（カレン）が直接聞いた情報だが、その情報を伝えた本人も確信がないので、確信を持って言えないことに注意する。 ・情報の確かさを示す副詞と、その副詞に呼応する文末表現に気をつけて話す。 ・カレンから情報を聞いたリサは、相手の情報にどのように応じればいいか、返答の表現に気をつける。

■ 練　習 ―もういっぱい―　　※ 練習シート＝ p.128

　「練習―もういっぱい―」は、スキットの語彙の使い方や重要表現の理解を確認するための練習問題です。シートをコピーして、宿題として使うこともできます。

[解答]

[1] ① ひょっとしたら　　② はずだ　　③ 集まらない　　④ って言ってましたよ

　　⑤ とかなんとかで　　⑥ と思いますよ

[2] ① 頻繁に時間通りに電車がこないこと　　② （乗り物を）乗り換えること

　　③ 同じ方向に／一方向に、車線が一本しかないこと　　④ 遅らせること

　　⑤ 近づいてきていること　　⑥ 水がいっぱいになって出ていた状態

[3]（解答例）

　①土曜は晴れるらしいけど、日曜は、雨の降る確率が 80％ もあるんだって。／土曜は晴れるみたいなんだけど、日曜は、雨の降る確率が 80％ って、書いてあったんだよね。

　②まっすぐの道のほうがいいんじゃないかと思うんですよね。／まっすぐ行ったほうが、渋滞に巻き込まれる可能性は低いんじゃないかなと思うんですが。

　③なんか、あそこにスポーツジムが入るって、聞きましたよ。／もしかしたら、あそこにスポーツジムが入るみたいですよ。

「そこをなんとか」－依頼・指示－

【この課で学習する内容】

　第5課は、依頼と指示の会話です。依頼表現の「～てもらえない？／くれない？」や「～ていただけませんか／くださいませんか」などは、すでに初級で学習済みの文型ですが、学習者によっては、友人など親しい人に対しては前者の表現、目上や親しくない人に対しては後者の表現を使うというように相手との関係だけで使い分けている人もいるようです。しかし、依頼内容が簡単ですぐ済むような場合と、相手に大きな負担になる場合とでは、用いる依頼表現や前置き表現が異なります。

　この課では、依頼内容の重さによっても依頼表現や会話の流れが変わること、そして、間接的な断り方や断られたときの返答などについても学びます。また、指示と依頼の違いについても学習します。

■聞き取り練習の前に

最近、どんなことを頼まれましたか。断りたかったのにうまく断れなかったことはありませんか。

　学習者が、これまでにどんな内容をどのような言い方で頼まれたか、また、そのとき自分はどんな気持ちだったか、という経験についてクラスで話し合います。特に、頼まれたときに不快に思ったり、違和感を覚えたりしたときの経験を共有することにより、頼む内容によって頼み方を変える必要のあることに気づかせることができます。さらに、頼まれたけれどうまく断れなかったことについても話してもらってください。

　頼み方や断り方は、個人や文化によってどのぐらい直接的に言うかといった尺度が異なります。その違いについて話し合うのもいいでしょう。

■こんなとき、どう言いますか

　①は、「コーヒーを入れてもらう」という場面です。相手によってどのように言い方を変えるのかを確認します。

家族 （非常に親しい）	「～て」などの直接的な表現が可能。 「～たいな」「～てほしいな」（この場合なら、「コーヒー飲みたいな」、「コーヒー入れてほしいな」）のように、自分の願望を伝えることで間接的に相手に依頼することもできる。
同僚 （親しい）	「～てもらえないかな」など普通体が用いられる。 普通体であっても、同僚には家族に対するよりも、より間接的な依頼表現が好ましい。
友人の妻 （親しくない）	「～いただけますか。すみません」のような丁寧で遠慮がちな依頼の表現が用いられる。
店員 （親しくない）	店員に対しては「コーヒーで」のような言い方も可能。 また、「コーヒーお願いします」という言い方も一般的。

②では依頼と指示の表現の違いを確認します。

	依頼する	指示する
誰が	行為をするのは「聞き手」。するかどうかを決めるのも「聞き手」。	原則として行為をするのは「聞き手」。その指示に従うかどうかの決定権は「聞き手」にはない。
既習の表現	〜て。 〜てもらえませんか。 〜ていただけますか。　など	〜て。 〜てください。／〜ように（してください）。 〜ること。 〜るようにお願いします。　など

※「〜てくれたらうれしいなあ」や「〜てもらえたら助かるんですが」という表現も依頼のときに使える。

※話し手と聞き手の双方が行為者である場合は、「（この会議、3時までに終わら）せたいんですが」という表現が使える。

■聞き取り練習 I

問題1　聞き取り練習のポイント

スキット①

(1)(2)　木村さん（男性）が小西さん（女性）に対し「この書類は部長の確認が必要だ」と言っていることから、職場での会話であることがわかります。二人は互いに上下関係がわかる呼び方をしていませんが、木村さん（男性）が「部長の確認、ほしいんだよね」、「ランチ、おごるからさあ。」などと言っていることから、二人は職場の親しい間柄であることがわかります。木村さん（男性）は普通体、小西さん（女性）は丁寧体を使っているので、木村さんが小西さんの上司である可能性もあります。ただし、一般的に、親しい間柄でも職場では（また、特に女性は）丁寧な話し方をすることがあるため、ここでの会話の内容だけでは、必ずしも二人が上下関係にあるとは断定できないことに着目してください。加えて、上司と部下が互いに丁寧体で話す場合も多いということにも言及するとよいでしょう。

(3)(4)「悪いんだけど、これ上の方に置いて、早く部長の確認、もらえるようにしてくんないかな。」という依頼があり、それに対して「できないことはないですけど。」と芳しくない返事が返ってきたので、「そこをなんとか頼むよ。」と再度依頼をしています。そして、「じゃ、さりげなく、上の方に出しときますね。」と約束しているので、この依頼は成立したと考えられます。

スキット②

(1)(2)　男性が、「注意すること。」、「心がけてください。」など仕事についての指示を出していることと、「店長。」という呼びかけがあることから、店長と従業員の会話であることがわかります。

(3)(4) 店長が仕事のしかたについて指示を出しています。具体的には、「元気よくあいさつをする。」、「ニコニコ笑顔を忘れない。」、「オーダーは大きい声で繰り返す。」、「水の節約に心がけてください」などです。このように「〜する」、「〜しない」といった表現は、職場や学校で大勢に対して指示を出すときによく用いられます。指示でない場合とはイントネーションが異なりますので、注意が必要です。指示は依頼と異なり、原則として聞き手には「指示に従わない」という選択肢はありません。その際、特に指示を受け入れたことを表明しなくても、指示に対して発言をしないということが、その指示を受け入れたというシグナルになります。

スキット③

(1)(2) 二人とも丁寧体で話していること、電話の出だしで「もしもし、富岡自動車です。」と店名を名乗っていること、話の内容が車検の車についてであることなどから、店の人と客の関係であることがわかります。

(3)(4) 「無理をお願いするんですが。…金曜日の朝、10時ごろまでに、なんとかなりませんか。」という客の依頼発話に対して、店側は「金曜日の10時ですか。いや、ちょっと、きついっす(＝きついです)ね。」と言っています。「きつい」というのは、負担が大きかったり、依頼内容の遂行が困難であったりすることを表し、それによって依頼を受け入れられないということを間接的に伝えています。それに対し、客が、今借りているセダンでは冷蔵庫が運べないと言ったため、会社側がセダンの代わりにトラックを貸すということで合意が成立しました。

スキット④

(1)(2) お互い普通体で話していること、授業のプリントについて話していることから、友人同士であると判断できます。

(3)(4) 電話をかけた美月さんは、「プリントを見せてもらいたい」という依頼をしたかったのですが、その前に相手の体調が悪いということがわかったので、「〜見せてもらいたいなあって思ってたんだけど。」と言って、電話をかけたときと今とでは気持ちが変わったことを伝えています。「〜てほしいと思ってたんだけど」は、はじめは頼みたいことがあったが、今はその気持ちがなくなった(つまり依頼はしない)ことを表す表現です。そして、さらに「でも、いいよ。誰か他の人、探してみるから。」と依頼をあきらめることを伝えています。

スキット⑤

(1)(2) スキットの最初の部分の「学期末のレポートの提出方法について説明します。」という発話から、教師が学生に対して学期末のレポートについて話していることが明らかです。

(3)(4) レポートの提出方法について指示を出しています。具体的には、「A4サイズで10枚程度でお願いします。」、「書式ですが、横35文字、縦40行で。」、「引用するときは、必ず本の題名とページを明記すること」、「他の人の文章を自分のもののように書かないように。」、「人のレポートも写さない。」、「メールでの提出はしないようにお願いします。」などです。指示なので、原則として聞き手には「指示に従わない」という選択肢はありません。また、指示に対して応答の発言をしていないということが、その指示を受け入れたというシグナルになっています。

問題3

　トラックナンバーの箇所を再生して表現を確認することができます。答えを書く欄がありますが、表現を全て書き取らなければならないわけではありません。口頭での確認だけでもいいでしょう。

　また、余裕があれば、会話の場面や相手との人間関係だけでなく、頼む内容が相手に大きな負担(負担大)となりうると依頼者が考えているかどうかによって、どのような表現を使い分ければよいかについても話し合ってみましょう。

[他の表現例]

① 「これ、上の方に置いて、早く部長のはんこ、もらえるようにしてくれたら助かる／ありがたいんだけど。」(負担大)

　「部長のはんこ、早くもらえるように、上の方に置いといてほしいんだけど。」

　「部長のはんこ、早くもらえるように、上の方に置いといてもらえない？」　など

② 「元気よくあいさつをする／ニコニコ笑顔を忘れない。」

　「元気よくあいさつをすること／ニコニコ笑顔を忘れないこと。」

　「元気よくあいさつをしてください／ニコニコ笑顔を忘れないでください。」

　「元気よくあいさつをするように／ニコニコ笑顔を忘れないように（してください）。」

　「元気よくあいさつをするように／ニコニコ笑顔を忘れないようにお願いします。」　など

③ 「金曜日の朝、10時ごろまでになんとかお願いできませんか。」(負担大)

　「金曜日の朝、10時ごろまでにやってもらえたら助かるんですが。」(負担大)

　「なんとかして金曜日の朝、10時ごろまでに仕上げていただけませんか。」(負担大)　など

④ 「プリント、見せてもらえたらなあって思って。」

　「プリント、見せてもらおうかなって思ってたんだけど。」　など

⑤ 「…二つ出しますので、どちらか選んで書くこと。」

　「…二つありますので、一つを選んで書くように。」

　「…二つありますので、一つを選んで書くようにしてください。」

■聞き取り練習Ⅱ

　聞き取り練習Ⅱは、地域住民の助け合いに関するアンケートの回答にもとづいて、市役所の人が住民に話を聞いている場面です。地域の人にどんなことを助けてもらいたいと思っているかを住民にたずねています。

① 「頼んだら来てくれる人はいる…みんなわたしと同じような年…頼んで来てもらったことは
　あるんですけど」といった発話から、知り合いに来てもらったことがあるということがわか
　ります。また、「自分では直せなくて…。」と言っていますから、自分の力で直した経験はな
　いようです。

② 「『男の料理教室』とかに行ったりした」という発話があり、料理教室での経験を話している
　ことから、料理教室に行ったことがあると考えられます。また、知り合いは「みんなわたし
　みたいに料理ができないのばかりで、教えてもらうこともできないし。」と言っていますか
　ら、知り合いに教えてもらった経験はないようです。

③ 「どうしようもない場合は、今はタクシー使ってるんですけど」という発話から、緊急時は
　タクシーを使っていることがわかります。バスの本数が少ないことに対し、「時間がある時
　や、調整できる時はいい（問題がない）」と言っていますから、急いでいないときなどは、バ
　スを利用していることがわかります。

① 「頼んだら来てくれる人はいる」、「みんなわたしと同じような年なんで…、車にも乗らない
　し、来てもらうだけでも大変」、「高い所に上ったり、重い物持ったりするの、危ないでしょ？
　ケガさせちゃったらね…。」という発話から、頼めば来てくれる人はいるけれど、自分と同
　じように高齢なので、大変だし危ないと思っていることがわかります。

② 「知り合いって言えば、みんなわたしみたいに料理ができないのばかりで、教えてもらうこ
　ともできないし。」という発話から、知り合いには頼めないと思っていることがわかります。

③ 「知り合いも、みんなそれぞれに育児とか親の介護とかが大変で頼みにくい」という発話か
　ら、知り合いには頼みにくい、頼むのは申し訳ないと思っていることがわかります。

■ポイントリスニング

　依頼か指示かは、どんな表現を用いているかということだけでなく、誰がどういう立場で、相
手に何をするように言っているのかが大きく関わってきます。ここでは、話し手と聞き手の関係
が明示的でないものもありますが、発話内容からおおよその見当をつけることが可能です。

　例えば、⑥は「お母さん」という呼びかけがあるので、母親に対する子どもの発話であること
が明らかです。子どもは、「～といて」という命令に近い言語形式を用いていますが、母親に頼
みごとをしている発話なので依頼となります。命令や指示は、それを行使する権限のある人がそ
れに従う人に対して、行為を遂行させる言語行為だからです。したがって、「～て」、「～といて」
が依頼として用いられるのは、⑥のように非常に近しい間柄の人に限られることを押さえておく
とよいでしょう。①も同様です。最初の男性は「～んじゃないぞ」という表現を用いて禁止の指
示を出しています。これは大人が子どもなどに言い聞かせる時に用いる表現です。ここでは男性
の発話を受けて、子どもが「はあい」と返事をしています。

　「〜てください」は、初級教科書で"Please do ..."と英訳されることが多いため、丁寧な依頼だと思っている学習者が多いようですが、「〜てください」は丁寧な依頼ではなく、指示の表現として頻繁に用いられます。例えば、③は、患者に対する医者の発話、⑧は学生に対する教師の発話だと推測することができますが、どちらも「〜てください」という形で指示を行っています。また、この課では取り上げませんが、「〜てください」は指示以外に相手に対して何かを勧める際にも使われます。例えば、訪問客に対して、「どうぞこちらにかけてください」、「どうぞ食べて／お召し上がりください」というのは、依頼でも指示でもなく勧めにあたります。

　④は、発話場面としては職場が考えられますが、誰から誰への発話なのか明らかではありません。したがって、「〜てもらっていいかなあ」が、同僚に対する発話であれば依頼、部下に対する発話である場合は、より指示に近い発話だと言うことができます。このように、依頼か指示かを判断するには、表現形式だけでなく、話し手と聞き手の人間関係を考える必要があります。

　依頼をする場合、問いかけの形式を使って、依頼を受ける相手にそれをするかしないかの選択肢を与えるほうが、丁寧な表現となります（②「〜すること、できますか」）。また、ためらいがちに自分の願望を述べたり（⑤「〜たいんですけど」）、依頼に応じてもらえると自分が助かることを述べたりする（⑦「〜ていただけると、本当にありがたいんですが」）と、丁寧な依頼になります。

■重要表現のポイント

　ここでは、「依頼をする」「依頼を引き受ける」「依頼を断る」「依頼をあきらめる」「指示する」という5つの機能を取り上げます。

依頼をする

1）　依頼という行為は、相手に対して、自分のために時間や労力を使って何かをしてほしいと働きかけることです。したがって、依頼内容を伝える前に、まず、今自分が話を切り出すにあたり、相手が自分の話を聞く余裕があるかどうかをたずねる前置きをすることが多いです。特に家族間や気の置けない友人同士でない場合は前置きから始めた方がいいでしょう。相手に余裕があるかどうかをたずねる前置きには、以下のような表現があります。

　　例　　今、ちょっといい？

　　　　　今、手、空いてる？（今、特に何もしていないような相手に対し）

　　　　　今、ちょっと（お時間）よろしいですか。

　　　　　今、お時間大丈夫ですか。／お時間いいですか。

　　ただし、依頼内容が、時間や労力をかけずにその場ですぐにできるようなことや、相手が今していること、あるいはしようとしていることの延長でできるようなことに対しては、上記の前置きを省き、直接依頼内容を伝えた方が自然です。例えば、横に座って勉強しているクラスメートに「ちょっと消しゴム貸してくれる？」と言ったり、今コーヒーを入れている同僚に「私の分も入れてもらってもいいですか。」と言ったりする場合です。

2）依頼内容が、大変なことではないがその場ですぐにはできないような場合は、上記の前置き
のあとに、相手をわずらわせることを申し訳なく思っていることを伝える前置きを加えます。

　　例　　悪いけど／悪いんだけど
　　　　　時間あったら
　　　　　（お忙しいところ）申し訳ないんですが
　　　　　お手数ですが
　　　　　お手間を取らせますが　　など

3）依頼内容が、相手に負担を強いるような場合は、これから自分が相手に依頼を行うという意
思を明確に示したうえで、依頼内容を述べます。その場合には、以下のような表現があります。

　　例　　ちょっとお願いがあるんだけど
　　　　　ちょっと頼みたいことがあって
　　　　　実は、お願いしたいことがあるんですが
　　　　　無理かもしれないんですけど　　など

4）依頼の表現には、自分の願望のみを伝える言い方と、相手が自分の依頼を引き受けられるか
を問う言い方があります。自分の願望のみを伝える言い方の場合は、言い切りの形で終わら
ずに依頼が受け入れられればありがたいという気持ちを伝えるとより丁寧な表現となりま
す。

　　例　　できれば〜てほしいんだけど
　　　　　〜てもらえたらうれしいなって思ったんだけど
　　　　　〜ていただけるとありがたいんですが　　など

相手が自分の依頼を引き受けられるかを問う言い方は、自分の願望のみを伝える言い方より
も、相手の都合や意思を配慮しています。

　　例　　〜、できる？／〜、可能？／〜、難しい？
　　　　　〜こと（が）できますか。／〜こと（は）可能ですか。
　　　　　〜ていただくの（は）難しいですか。／〜ていただくこと（は）可能でしょうか。
　　　　　〜ていただくわけにはいきませんか。　　など

これらは、自分の願望を述べる言い方との併用も可能です。

　　例　　できれば〜てほしいんだけど、難しい？
　　　　　〜ていただけるとありがたいんですが、可能でしょうか。　　など

5) 依頼をして断られた際にそのままあきらめるのではなく、理由や譲歩案などを加えて再度頼んでみる場合には、次のような表現を使うことができます。依頼部分と理由・譲歩案の順番を逆にすることもあります。

例　👕 そこをなんとかしてもらえないかな。

　　👕（どうしても今日中に完成させないとまずい）んだよね。

　　👕（終わったらすぐに返す）から、そこをなんとかお願い。

　　👔 そこをなんとかお願いします。（この時間しか空いていない）んです。

　　👔（先方には、私から言っておきます）ので、そこをなんとかお願いできませんか。

など

理由や譲歩案の後に「無理かな」、「難しいでしょうか」などと言って、再度相手に可能性をたずねることもできます。

例　👕（○○さんにしか頼めない）んだけど、無理かな？

　　👔（一時間）でもいいんですけど、難しいでしょうか。

　　👔（今日でなく）てもいいんですけど、使わせてもらえませんか。

《次のような場合はどう言いますか》

　ここでは、相手との人間関係と、依頼内容の相手への負担の程度によって、表現を使い分けることができるかどうかを確認します。👕と👔の使い分けだけでなく、依頼内容が相手にどれだけ負担となるものであるかについて、クラスで話し合ってみるとよいでしょう。

　下の解答は一例です。学習者が考えた表現について、適当かどうかだけでなく、なぜその表現を使ったかについても確認するようにしてください。学習者の文化により依頼内容の負担の程度の捉え方が異なるかもしれないので、その違いにも注目して話し合うとよいでしょう。解答例には、（　　）で前置き表現も提示していますが、ここでは依頼内容を伝える表現に焦点を当て、前置き表現については、次のBで、確認してください。

[解答例]

A. 依頼をする

① ね、昨日の授業のノート、今持ってたら見せてほしいんだけど。／

　（な、悪いんだけど、）昨日の授業のノート、今持ってたら見せてもらえる？

② （あのさ、悪いんだけど、）統計学のノート、見せてもらうのって、可能？　試験勉強してるんだけど、ところどころ抜けてるところがあって。／

　（試験直前に申し訳ないんだけど、）統計学のノート、見せてもらえないかな。休んだとこ、抜けてて。

③ そこをなんとか頼むよ。今晩アパートまで行くからさ。／

　ちょっと見せてもらうだけでもいいんだけど、無理かな？

④ 実は、急用が入ってしまったので、予約、1時間後ろにずらしていただくこと、可能でしょ

うか。／

（申し訳ないんですが、）来週の予約、1時間後ろにずらしてもらいたいんですが、できますか。

⑤ （あのう、大変申し訳ないんですが、）急な仕事が入ってしまって、5時に行けそうにないんですけど、6時に変更してもらってもいいですか。／

（あのう、申し訳ないんですが、）今日の予約、1時間後ろにずらしてもらうこと、できますか。急用が入ってしまいまして。

⑥ 30分でもいいので、後ろにずらしていただけるとありがたいんですが。／

そこをなんとかお願いします。30分ずらしていただけるだけでもいいんです。

B. 前置きをしてから依頼をする

　ここでは、依頼をする際の前置き表現について確認します。相手の現在の状況や依頼内容の負担の程度に応じて、どのような前置き表現が適当か考えてみましょう。下の解答は一例ですので、これ以外にも、どのような前置きが可能かクラスで話し合ってみてください。また、時間があれば、上のAを用いて、さらに異なった場面と状況で練習することもできます。

[解答例]

① <u>ね、今、ちょっといい？</u>　トイレの水が止まらないんで、ちょっと見てほしんだけど。／
<u>な、悪いんだけど、ちょっと来てくれない？</u>　トイレの水が止まんないんだけど。

② <u>あの、今、ちょっとよろしいですか。</u>あの、プロジェクトのプレゼン資料のドラフトができたんですけど、見てもらってもいいですか。／
<u>あの、すみません。今少し時間あります？</u>　プロジェクトのプレゼン資料のドラフトができたんですけど、ちょっと見てもらえるとありがたいんですが。

③ <u>あのさ、ちょっと頼みたいことがあって。</u>きのうベッドを買ったんだけどさあ、週末、組み立てるの、手伝ってもらえないかな。／
<u>ね、週末忙しい？</u>　もし予定空いてたらちょっとお願いがあるんだ…。きのうベッドを買ったんだけど、一人で組み立てられなくて。手伝ってもらうこと、できないかな。

④ <u>実は、こんなことお願いするのは申し訳ないんですが、</u>来週のゴミ当番、かわっていただくこと、可能でしょうか。／
<u>今、ちょっとよろしいですか。</u>実は、もし可能でしたら、来週のゴミ当番、かわっていただけないでしょうか。

依頼を引き受ける

1）依頼を引き受ける場合には承諾したことを示したり、自分の行動を約束することを述べたりします。両方を組み合わせることも可能です。

　　▶承諾したことを示す

　例　👕 わかった。／いいよ。／了解。

　　　👔 わかりました。　　など

「👕いいですよ。」は、上下関係のない場合(例えば、同僚に対して)には使うことができますが、上司や先生など目上の人に用いると失礼になる可能性があります。また、「大丈夫(です)」を用いる学習者も見られますが、依頼に対する承諾を表す表現としては不適切です。「👔かしこまりました。」は、相手に対する敬意の度合いが高く、例えば接客業で客の依頼に対して店員が用いるなど使用される場面が限られています。

    ▶自分の行動を約束する

    例 👕じゃ、〜とく（〜ておく）ね。

        👔じゃ、〜ときます（〜ておきます）。／じゃ、〜時までにしておきます。　など

「〜ておく」は、初級教科書では、のちに必要となる(かもしれない)何かに備えて行う行為を表すと説明されていることが多いですが、ここでの用法は、<u>今すぐには行動に移さないが</u>、あとで実行することを宣言しています。「👕まかせといて」は、「〜ておく」のように具体的に何をするかは言っていませんが、頼まれたことを自分が責任を持って引き受けるので、相手に対して心配の必要はないということを表す表現です。

2)　依頼には、快く引き受ける場合もあれば、しかたなく引き受ける場合もあります。快く引き受ける場合は、「いいよ」「わかりました」などの承諾の表現に「もちろん」や「喜んで（〜させてもらいます）」などの表現を加えることで、その気持ちを表すことができます。一方、しかたなく引き受ける場合は、人間関係を考慮して自分の気持ちをことばや顔に表さないのが無難ですが、即答を避けて「ん…」や「まあ…」、「はあ…」と言いよどむことで、相手にその気持ちを伝えることができます。

    例 👕ん…、まあ、いいよ。

        👔はあ…、わかりました。

3)　相手が自分の依頼を承諾してくれたときには、「ありがとう」などの直接的な感謝表現の他に、それによって自分が恩恵を受けることに言及したり、相手をわずらわせることに対して申し訳なく思っているという気持ちを表したりすることも多いです。

    ▶自分が恩恵を受けることを述べる

    例   助かります。／ありがたいです。／お世話になります。／恩にきます。など

    ▶相手に申し訳なく思っていることを述べる

    例   ごめんね。／悪いね。／すみません。／申し訳ありません。

        お忙しいところ／お手数をおかけして／無理を言って＋

        すみません／申し訳ありません。

        お手数をおかけします。／ご迷惑をおかけします。

4) また、依頼内容がその場ですぐ実行に移されるものではない場合、相手が自分の依頼を承諾
　　してくれたときには、上記のような感謝表現に加え、「(どうぞ)よろしく(お願いします。／
　　お願いいたします。)」と言って会話を終えるのがいいでしょう。学習者の言語によっては同
　　等の表現がなく、まだ依頼内容が実行に移されていないにもかかわらず、依頼を承諾してく
　　れたことを受けて「ありがとうございました」と言ってしまうケースが見られます。依頼の
　　承諾(行為遂行前)に対しては、「ありがとうございます。よろしくお願いします」、行為遂行
　　後は「ありがとうございました」と使い分けることを確認してください。

《次のような場合はどう言いますか》

A. 依頼を引き受ける

　②～④は、a)快く引き受ける場合と、b)しかたなく引き受ける場合の両方を考えてみましょ
う。ここでは、相手との人間関係、依頼内容、そして引き受けるときの自分の気持ちによって、
依頼をされたときに使い分ける表現を確認します。♡と▮の使い分けだけでなく、すぐ実行可
能なことなのか、また、自分が責任を持って実行するので、相手に心配はいらないと言いたいの
かなど、話し手がどんな状況かについて、学習者と話し合ってください。

　下の解答は一例です。学習者が考えた表現について、適当かどうかだけでなく、なぜその表現
を使ったかについても確認するようにしてください。

[解答例]

① はい。／はーい、わかりました。

② a) うん、いいよ。／オッケー。

　 b) ん…まあ、いいよ。／う…ん、いいけど。

③ a) うん、まかせといて。／うん、大丈夫。やっとくよ。

　 b) う…ん、いいけど、なんで？／まあ、いいけど、今日なんかあんの？

④ a) いいですよ。／ええ、もちろんいいですよ。

　 b) ん…、まあ、いいですけど。／ああ…、ええ、わかりました。

B. お礼を言う

　ここでは、依頼をして承諾を得た直後に用いる表現と、依頼内容が遂行された時に述べる表現
との違いを確認します。下の解答は一例です。学習者が考えた表現について、適切かどうかだけ
でなく、なぜその表現を使ったのかについても考えさせるようにしてください。

[解答例]

① ありがとうございます。／お忙しいところ、無理を言ってすみません。

　 ＋よろしくお願いいたします。

② ありがとう。おかげで助かった。／サンキュー。恩にきるよ。

依頼を断る

1) 依頼を断る場合、依頼された内容について聞き返すことがあります。この聞き返しは、依頼内容の確認のための場合と、断るためのワンクッションとしての機能もあり、これによって依頼した側は、断られる可能性のあることを察知することができます。

   例　A：明日午後に引っ越しのトラックが来るんだけど、午前中荷物を段ボールに詰めるの、手伝ってもらえないかな。

   　　B：えっ、明日？

2) 依頼を断る場合、親しい間柄でカジュアルな場面では、「できない」、「したくない」といった直接的な表現を用いることもありますが、相手や場面によっては失礼に聞こえます。そのため、依頼を引き受けることは難しいと言ったり、引き受けられない理由を述べたりして、間接的に断ることが多いです。また、これらの表現のあとに、「ごめん」、「すみません」、「申し訳ありません」などのわびの表現を加えることも多いです。

   ▶依頼を引き受けることは難しい

   例　うーん、ちょっと難しいなあ。／ちょっと厳しいなあ。／ちょっと無理だなあ。
   　　うーん、どうかなあ。
   　　うーん、ちょっと難しいかも。／ちょっと厳しいかも。
   　　うーん、ちょっと難しいですね。／ちょっと厳しいですね。
   　　うーん、ちょっと厳しいかもしれませんね。
   　　うーん、ちょっと（引き受けられるかどうか）わからないんですけど。　　など

   ▶引き受けられない理由がある

   例　その日は、ちょっと他の用事があって…。
   　　レポートの締め切りがもうすぐで…。など

3) 依頼を断る際には、別の日や別のことなら引き受けられるかもしれないと述べたり、代案を提示したりすることで、相手を助けたい意思のあることを伝えることができます。そうすることで、断ることによる気まずさを幾分やわらげることができます。

   例　土曜日だったら手伝えるんだけど。
   　　今すぐでなくてよければ、見ますけど。

依頼をあきらめる

1) 依頼をあきらめる際には、まず「そう／そっか。わかった。」「そうですか。わかりました。」と言って、相手の断りを受け入れたことを伝えます。「そう／そっか」「そうですか」は、言い方によって怒っているように聞こえたり、相手に冷たい印象を与えたりするので注意が必要です。

2) 依頼を断るという行為は、断られた相手が困ることが明らかな場合、断る側に精神的な負担を強

いることになります。したがって、依頼を申し出た側は、断った相手の精神的な負担を軽減するために、他の可能性を挙げたり、心配する必要がないと言及したりします。また、相手に負担を強いる依頼をしたこと自体を謝ることもあります。例えば、相手に対し、「わかりました」と断りを受け入れたあと、次のような表現を加えることにより相手を安心させることができます。

例　じゃ、他の人探してみるから。

　　他をあたってみますから。

　　大丈夫／気にしないで。何とかなると思うから。

　　大丈夫です。何とかなると思いますから。

　　ごめんね、面倒なこと頼んで。

　　すみません、変なことお願いしてしまって。

《次のような場合はどう言いますか》

A．依頼を断る

　ここでは、相手との人間関係と依頼内容によって、自分が依頼された場合はどのように断るか、また、自分が依頼して相手に断られた場合は何と言うかを確認します。　と　の使い分けだけでなく、相手の気持ちを配慮した場合、断りの表現以外にどんなことを言えばよいかクラスで話し合ってみるとよいでしょう。

　下の解答は一例です。学習者が考えた表現について、適切かどうかだけでなく、なぜその表現を使ったのかについても考えさせるようにしてください。

[解答例]

① 友人Ａ：　いや…悪い、ちょっと難しいかな。今回こっちに持って帰ってくる荷物多くってさ…。悪い、今度でもいい？

　友人Ｂ：　うん、もちろん。じゃ、次帰るとき、よろしく！

② 近所の人Ａ：あっ、簡単な会話ね…。すみません、ここのところ仕事が忙しくて、帰りも遅いんですよ。ちょっと難しいですね…、申し訳ないです。

　近所の人Ｂ：あ、そうなんですか。いや、どうか気になさらないでください。

③ 同僚Ａ：えっ、あ…、あのう、もうすぐ5時なんで、明日の朝でもいいですか。

　同僚Ｂ：あ、はいはい、もちろん明日の朝でオーケーです。じゃ、よろしくお願いします。

③ 友人Ａ：あ…披露宴ね…うーん、ちょっと無理かも。うちの兄、大勢の人の前で弾くの、苦手みたいで。

　友人Ｂ：あ、そうなんだ、残念。ごめんね、変なこと頼んで。

B．依頼を断る／断られてあきらめる

　ここでは、依頼をされて断る場合と、依頼をして断られた場合に、それぞれ、相手の気持ちを考えてどんなことを言えばよいかを考えてみましょう。Ａは断られる相手Ｂに配慮して、一方、Ｂは断った相手Ａに配慮して、それぞれ何をどう言えばいいか考えます。下の解答は一例です。

学習者が考えた表現について、適切かどうかだけでなく、自分はどういうつもりでその表現を選んだか、また他の学習者が考えた表現を言われた場合、自分はどう感じるかなどについても意見を述べ合えるといいでしょう。

［解答例］

① ごめん。／悪い。

　　大丈夫。気にしないで。／大丈夫。なんとかなるから。

② すみません、今から打ち合わせが入ってて。／

　　すみません、あとでよかったら時間ありますけど。

　　大丈夫です。なんとかなると思いますから。／じゃ、あとでいいのでよろしくお願いします。

指示する

1) 指示表現には、「〜する／〜しない」「〜てください／〜ないでください」「〜する／ないように(してください／お願いします)」など、指示の表現であることがその形から容易にわかる場合とそうでない場合があります。医者が患者に取るべき行動を述べる、上司が部下に仕事内容を伝えるなど、指示する者とされる者という関係がある場合、言語形式上は指示でなくても、言語行動としては指示になります。以下の表現例を見てください。

　▶依頼・可能の表現による指示

　例　〜てもらえるかなあ。／〜もらえないかなあ。

　　　〜、できる？

　　　〜てもらえますか。

　　　〜ていただけないでしょうか。

　▶誘いの表現による指示

　例　〜しよう。(例：お酒を飲まないようにしよう。)

　　　〜しましょう。

2) 指示を受けた場合は、原則として指示に従うか従わないかの選択の余地はありません。したがって、指示を受けた場合は、「はい、わかりました」、「はい、〜ておきます」のように了解したことや指示に従うことを述べるか、うなずくなどの非言語行動で示したりしますが、何もしなくても特に発言がなければ了解したと認識されます。

《次のような場合はどう言いますか》

　ここでは、人間関係と発話内容に注意して、指示の表現と依頼の表現のどちらが適切かを確認します。下の解答は一例です。学習者が考えた表現について、適切かどうかだけでなく、なぜその表現を使ったのかについても考えさせるようにしてください。

[解答例]

① a) 面接官と面接を受ける人のように、指示する者と指示を受ける者がはっきりしている場合、「お／ご〜ください」という形で指示が出されるのが自然です。

② a) 学生が教師にものを頼む場合、「お／ご〜ください」という指示の表現ではなく、「〜ていただけませんか」「〜ていただけるとありがたいんですが…」といった依頼表現を使います。

③ b) どちらも患者に対する病院側からの指示ですが、a) は努力を促す「〜ようにしてください」となっているため、患者が質問用紙に答えるという行為に対しては不自然です。

④ a) 客が運送会社の人に行うのは、指示ではなく依頼なので、「お願いします」という依頼表現を使います。

⑤ b) 駅のホームで流れる乗客に対するこのようなアナウンスは、依頼に近いものなので、「〜すること」という強い指示の表現は用いられません。

■ロールプレイのポイント

　ロールプレイの際には、正しい表現が用いられているかだけでなく、適切な話の進め方ができているかどうかについても、クラスで話すような時間を持ったほうがいいでしょう。依頼に関する話の進め方は、次のようになります。

　依頼内容が重い、その場ですぐにできない、そして相手が目上の人や親しくない人のような場合、依頼をする前に、相手への配慮や事情の説明などが必要になってきます。

[話し手が依頼内容を軽いと思っている場合]

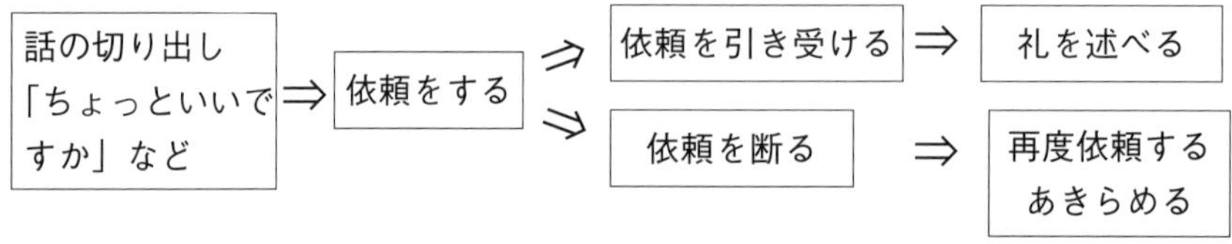

[話し手が依頼内容を重いと思っている場合] または、[目上の人・親しくない人に依頼する場合]

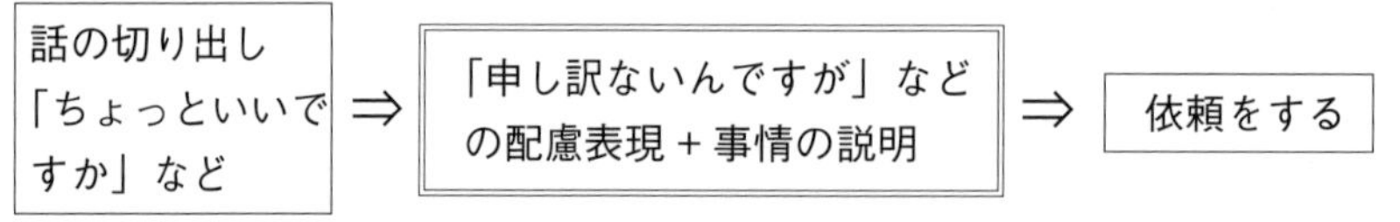

【音声ファイルを活用した会話練習例】

・聞き取り練習Ⅰを活用して、依頼を申し出る人と依頼を受ける人との人間関係や依頼内容について、双方が相手の状況や気持ちをどのように考えているかという観点から、設定を変えてロールプレイ練習をすることができます。

・聞き取り練習Ⅰスキット③（track 64）は、車検の仕上がりの日を変更してもらえないかと依頼する会話です。スキットでは、日程の変更は無理なので別の車（トラック）を用意すると工場の人が申し出て解決しました。車検の仕上がりの日を変更してほしい理由を自分たちで考えて、それに合う会話の続きを考えてみてはどうでしょう。

・聞き取り練習Ⅰスキット④(track 66)は、欠席した日の授業のプリントを友人に見せてほしいと頼む会話ですが、スキットでは依頼をしたくて電話をかけた友人は、相手の体調が悪いため自分から依頼を取り下げています。ここでは具合の悪い友人は、それをそのまま受け入れていますが、プリントが必要な相手のことを考えて自分のできそうなことを提案するという設定も可能です。自分たちでアイデアを出して会話の続きを考えてみてください。

【その他のロールプレイタスクの例】

※ロールプレイは、学習者が実際に遭遇する場面を想定して、設定してください。
・(友人に)コンサートの予約をしてほしいと頼む。
・(友人に)週末、ペットの世話をしてほしいと頼む。(友人がその動物を好きな場合と、好きかどうかわからない場合では、頼み方をどう変えますか。)
・(近所の人に)旅行中、庭の植木に水をやってほしいと頼む。
・(先生に)推薦状を書いてほしいと依頼する。(締め切りが再来週の場合と、あさってでは、どのように頼み方を変えればいいでしょうか。)
・(上司に)結婚式のスピーチをしてほしいと依頼する。
・(ホテルの受付で)チェックアウトのときに、その日の夕方まで荷物を預かってほしいと頼む。

　ロールプレイに慣れていない学習者の場合、既出のモデル会話の流れをそのまま使い、キーワードだけを変えていく「シナリオ暗記」的な練習になってしまうことが多いようです。ロールプレイに慣れていない学習者には、下の「ロールプレイ準備シート」を用いて、ロールプレイタスクについて、ペアの学生と共に、設定を確認し、どのように話を進めるのか考えさせるとよいでしょう。

　2人でペアになり、ロールプレイタスクについて下の内容を相談して決めてください。そして、どのように話を進めればよいか2人で準備してから、ロールプレイをしましょう。

> **例**　体調がよくないので、友人に自分の代わりに留学説明会に行って話を聞き、資料をもらってきてほしいと頼みます。断る場合と引き受ける場合を考えてください。

話す場所	授業のあと教室で
誰が誰に？	友人（シーレンさん）　➡　友人（ジムさん）
人間関係と状況	今日の午後行きたいと思っていた留学説明会があるが、具合がよくないので出席できそうにない。友人のジムさんも留学に興味があると言っていたので、自分の代わりに行ってもらえないかと思っている。
依頼したいこと	自分の代わりに留学説明会に行って話を聞き、資料をもらってきてほしい。
依頼を引き受けてもらうのは難しい？簡単？	ちょっと難しい。
使う表現	【依頼する人（シーレン）】 ・お願いしたいことがあるんだけど ・もし時間空いてたら ・わたしの代わりに行ってもらえないかな。 ・資料とかもらってきてもらえるとありがたいんだけど。 ・そっか、わかった。大丈夫、ほかの人にきいてみるよ。 【依頼される人（ジム）】 ・うん、いいよ。 ・まあ、いいよ。 ・ごめん、午後、ちょっと用事があって。
会話で工夫すること	・相手が説明会に行く予定かどうかを先に聞いてから話を進める。 ・もし相手が行く予定ならあとで話を聞かせてほしい、自分の分の資料ももらってきてほしいということは頼みやすいが、行く予定でない場合は、行ってもらえるかどうかから相手にたずねる必要がある。（相手への負担が大きい） ・相手が行けないと言った場合は、別の人から資料をもらうなど他の方法が可能なので、あまり無理に頼まないほうがいいかもしれない。

■ 練　習 ―もういっぱい―　　※ 練習シート＝ p.131 

　「練習―もういっぱい―」は、スキットの語彙の使い方や重要表現の理解を確認するための練習問題です。シートをコピーして、宿題として使うこともできます。

[解答]

[1]　① どうしても　　② 頼みにくいこと　　③ 助かった　　④ いないわけじゃない

　　　⑤ ありがとうございました　　⑥ ありがたいんですが

[2]　① 安定していないので、棚自体が、あるいは棚に物を置くと落ちそうな状態

　　　② 移動手段がないこと

　　　③ 食中毒になった状態

　　　④ 水道から水が流れ続けている状態にしていること

　　　⑤ あまり満足できない気持ち

　　　⑥ 素早く効率よく行うこと

[3]　（解答例）

　　　① 草野にきいてみた？　　あいつ、木曜は何も入ってないんじゃないかな。／うーん…、歯医者の予約４時からだから、それが終わってからでもよかったら代われないこともないけど。

　　　② うーん、じゃ、とりあえず、村山さん、いくつか考えてみてよ。そしたらどれがいいとか言えると思うし。／うーん、じゃいいけど、あんまり期待しないでね。

　　　③ 本当に申し訳ないんですが、簡単なものでいいので、何とか書いていただけないでしょうか。／先生にしかお願いできる人がいなくて…。何とかお願いできないでしょうか。

（解説）依頼がスムーズに運ばない場合、依頼を行う側と依頼を断る側の双方が、相手の置かれている状況を考慮してどのような発話を行えばよいかを考えるための練習です。ここでは、相手との人間関係や双方の立場を考えて、どのような提案ができるか意見を出し合ってみるとよいでしょう。

依頼を断る側：相手の依頼に応えられないとき、それを詫びるだけでなく、実現可能な別案や譲歩案が提示できれば、相手の希望に歩み寄っているという態度が示せます。

依頼を行う側：自分の依頼が断られた場合は、相手に負担をかけていることを申し訳なく思うと伝えた上で、依頼内容を再度検討してもらえるように譲歩案を提示することもあります。ただし、提案内容や用いる表現によっては希望を通したいという自分の気持ちが前面に出てしまい、かえって相手の気分を害する恐れもあるので注意が必要です。

LESSON 6 「今もらえないと、困るんだけどね」—文句・苦情—

【この課で学習する内容】

　第6課は、文句や苦情を述べる場面の会話を学習します。例えば、初級の段階で、「（どうして）〜んですか」という表現を学習しますが、それが、場面や言い方によっては、文句や苦情の意味になるということは、あまり学習されていないかもしれません。そのため、学習者によっては、文句を言われてもそうであると認識していなかったり、本人は苦情を言ったつもりではないのに相手にそのようにとられてしまったりしている場合もあるでしょう。

　文句や苦情は、相手にストレートに言うと、非常にきつく聞こえますし、場合によっては、人間関係にも大きな影響を与えるため注意が必要です。

　この課では、まず、初級段階で学んだ文型が、場合によっては文句や苦情の発話になるということを学習します。そして、文句や苦情の言い方だけでなく、それを言われたときの反応のしかた(事情説明や言い訳)についても学びます。

■聞き取り練習の前に

ホテルやレストランで文句や苦情を言ったり聞いたりしたことがありますか。その時、どんな表現を使いましたか。または、使われていましたか。

　学習者が、これまでに文句や苦情を言ったことがあるか、具体的にイメージしやすいホテルやレストランでの経験についてクラスで話し合います。また、文句や苦情を言われたのに気づかなくて失敗した経験があればそれについてもクラスで話し合ってみてください。

　日本と自分の住んでいる地域では、文句や苦情の言い方のみならず、そもそも、何について文句や苦情を言うのかについても違いが見られるかもしれません。また、文句や苦情はネガティブな側面がありますが、それを伝えることによって、自分の希望が叶うという側面もあります。

　この導入では、どんな場合にどのような言い方をしているのか振り返ってみるといいでしょう。

■こんなとき、どう言いますか

　ここでは、初級で学ぶ文型を用いた、学習者になじみのある表現の中から、否定的な意味合いを持つ表現と、場面やイントネーションによって文句や苦情になる表現を取り上げています。

① 「どうしてくれなかったんですか」は、話している人が相手に不満を持っていることを表します。「どうして」や文末の「か」を強く言うことでより不満を強調することもできます。教師が実際に学生の前で発話して提示してみるといいでしょう。

② 「オレンジジュースだけ」と言うことで「それしかない」ことをわざわざ強調していることから、他に選択肢がないことに対し、不満を抱いていることがわかります。

③ 相手に対して不満に思っている場合、イ)のような使役受身を使います。相手の行動を好意

的に捉えている場合は、「〜てもらう」や「〜てくれる」を用います。一方、ア)「待ちました」はニュートラルな表現です。

④ イ)のように、自分に関することを述べる場合に受身を用いると、そのことを迷惑に思っていることを表します。ア)「〜てもらう」は恩恵を受けたと思っているときに用いる表現です。

⑤ ア)の「汚れている」のように自動詞を用いると、責任は自分にないことを主張することになり、文句や苦情を言っていることになります。他方、イ)のように他動詞(「汚す」)を用いると、それをしたのは自分であると述べることになるので、責任が自分にあることを意味します。また、「てしまう」を用いることで、その自分の行為を後悔していることも表します。

⑥ ア)の「〜てくれないと／〜てもらわないと」は、相手に行為を要求する表現です。そして、それがなされないと「困る」と述べ、暗にその行為を要求しています。このことから、ア)は文句や苦情になります。

⑦ 「〜も」や「〜しか」は話し手にとって多すぎる、または、少なすぎる量であることを示すので、イ)とウ)は、不満を述べている表現になります。

■聞き取り練習 I

問題1 **聞き取り練習のポイント**

スキット①

(1)(2)「新幹線、いったいいつになったら、来るんだ。」という発話から、駅員と乗客が新幹線が遅れていることについて話していることが明らかです。

(3) 乗客の苦情に対して、駅員は「おそらく、あと1、2時間後ぐらいになると思うのですが。」「まだ詳しい事情がこちらにも…。」とはっきりとした返答をしておらず、乗客が文句を言った内容について、明確に答えていません。結局、新幹線がいつ来るかわからないので、苦情の内容が解決されたかどうかは、明らかではありません。

スキット②

(1) 男性も女性も普通体で話していること、女性が男性に対して「あなた」と言っていることから、夫婦であることがわかります。

(2) 男性が「あっ、あれっ？　あれ、財布が。」と言ったのに対し、女性が「スリにあったんじゃない？」と言ったことから、財布を盗まれたことがわかります。

(3) 妻(女性)は、スリにあった夫(男性)に「警察に届けても無駄よね。」と話していることから、この財布は戻ってこない、すなわち解決されなかったことがわかります。

スキット③

(1) 会話のはじめの「はい、フロントでございます。」から、ホテルのフロントと宿泊客との会話であることがわかります。

(2) 客の女性が、「あの、シャワーが水しか出ないんですけど。」と言っていることから、シャワーのお湯が出ないことについて文句を言っているのがわかります。

(3) 宿泊客が「今朝もフロントに電話して、直してもらうように言ったのに、まだ直ってないっていうのは、どういうことなんですか。」と強く苦情を述べたところ、フロントは「よろしければ、すぐにお部屋をかえさせていただきますが。」と解決策を提示していますので、解決されたと判断できます。

スキット④

(1) お互い普通体で話していることから、友人同士であることが判断できます。

(2) 「時間ぐらいきいて来てくれてもいいじゃん。」「ずっと俺ばっかりやってるだろ。」「お前もなんかしろよ。」「自分で考えろよ。」というように、相手が自分では何もしないことについて文句を言っています。

(3) 一方の男性(今井)が、「時間ぐらいきいて来てくれてもいいじゃん。」と文句を述べたのに対して、もう一方の男性(江藤)は「俺、英語だめだから、お前して来て。」と頼み返しています。さらに、「でも、俺ほんと英語だめなんだって。」と言い訳をしています。その後で、「わかったよ。じゃ、何。なんて言えばいいの？」と行動を起こそうとしていますが、文句を言われた男性(江藤)が文句を言った男性(今井)に頼るという姿勢は変わっていないので、文句の内容は解決していないと考えられます。

スキット⑤

(1) 「部長、竹内部長、急いだほうが」と、肩書きで呼んでいることから、上司と部下の会話であることがわかります。

(2) 部下は「もう待てませんって。」「もうそんな時間、1分もありませんって。」「もう搭乗の時間が来てるんですから。」「買い物する時間なんてもうないっすよ。買い物なら機内ででもできるじゃないですか。」と、おみやげの買い物を続けようとする上司をなんとか止めて、飛行機に乗り遅れないように促しています。

(3) 上司は「わかった、わかったよ。」と言いつつも、「トイレだけ」と言って、トイレのほうに行ってしまいましたので、その後どうなったかは明らかではありません。したがって、部下が述べた上司への文句の内容が、解決されたかどうかはわかりません。

スキット⑥

(1) 会話の最初に「いらっしゃいませ。」と言っていることから、店員と客の話であることがわかります。

(2) 客が「チケットの引き替え、お願いします。」と言っていることから、チケットの引き換えについて話していることがわかります。

(3) 言われた苦情に対して、店員が「では、仮のチケットを発行させていただきますので」と言ったことから、客の要望が満たされ、客の文句の内容は解決されたことがわかります。

問題3

　トラックナンバーの箇所を再生して表現を確認することができます。答えを書く欄があります
が、表現を全て書き取らなければならないわけではありません。口頭での確認だけでもいいで
しょう。また、同じような相手と場面で、他にどんな言い方ができるかについては、下記の表現
を参考にしてください。

[他の表現例]

　いずれも、非常にきつく聞こえる言い方ですので、その点に注意してください。

① 「新幹線、いつになったら、来るわけ？」

　　「新幹線、まだ来ないっていうのはどういうことなんですか。」

　　「いったい、どういうことなんですか。」

② 「だから、財布はちゃんとジャケットの内側かウエストポーチの中に入れてって、言った
　　でしょう？」

　　「だから、財布はちゃんとジャケットの内側かウエストポーチの中に入れてって、言った
　　じゃない。」など

③ 「まだ直っていないんですけど。」

　　「早く直してくれないと、困るじゃないですか。」

　　「いつになったら、直るんですか。」

④ 「時間ぐらい聞いてきて（くれ）よ。」（「くれ」が付加されると男性的な表現になります）

　　「時間ぐらい聞いてきてくれてもいいだろ。(男性的)／聞いてきてくれてもいいでしょ。(女
　　性的)」

　　「せっかく海外旅行してるんだから、自分でしないとだめだろ。(男性的)　／だめじゃない。
　　(女性的)」

　　「旅行前には、少しぐらい英語勉強した方がいいって言ったのに。」

　　「なんで、旅行前に英語を勉強しておかなかったわけ？」

⑤ 「とにかく早くお願いします（よ）。」

　　「早くしないと、乗り遅れちゃいますよ。」

　　「おみやげなんか、買う時間ないですよ。」

　　「早く行かないと、飛行機に乗り遅れるじゃないですか。」

　　「買い物なら、機内ででもできますって。」

⑥ 「電話じゃ、今日大丈夫って、言ってましたけど。」

　　「今日の午前中でも大丈夫だって聞きましたけど。」

　　「今日の午前中でも大丈夫だって言われたんですけど。」

　　「今もらえないっていうのは、どういうことなんですか。」

　聞き取り練習Ⅱは、あるレストランで起こった出来事について、その場にいた①男性客、②ウェイター、③出来事を見ていた女性客が、自分の体験について他の人に話している場面で、自分の置かれた状況について文句を言ったり、文句や苦情を言った人に対する感想を述べたりしています。

問題1　聞き取りのポイント

① 男性客は、レストランでの出来事の多くが気に入らなかったようです。まず、「その席、隣が子連れで、こっちは静かに食事したいのに、子どもがうるさくって。」と女性客に対して腹を立てています。また、「ウェイターは、にこりともしなくて、まだ食べ終わってない皿をさっさと片づけちゃうし、応対が最悪だったんだよ。」と言っていることから、ウェイターについても腹を立てていることがわかります。

② 「昨日さあ、いやな客がいたんだよな。…隣の席の子どもがうるさいだの」という発話から、ある一人の客について、文句を言っていることがわかります。

③ 「隣にむちゃくちゃ偉そうな客がいて、最悪だったんだ。」と隣にいた一人の客について文句を言っています。

問題2　聞き取りのポイント

　直接本人に文句や苦情を述べているわけではないので、重要表現のセクションで取り上げているような表現は使っていませんが、自分のネガティブな経験について語る場合には、「最悪だった」「台無しになった」のような表現以外にも、「（せっかく）〜のに」「〜ても」「〜くせに」「〜ばかりだ」のような表現を使うことで、話し手の期待に反した結果であったことを表しているということを確認してください。

> **例**　せっかくチケット買った<u>のに</u>、急に残業させられてさあ。
>
> 　　　いくら待っ<u>ても</u>、連絡、来なかったんだよなあ。
>
> 　　　なんにも知らない<u>くせに</u>、偉そうに指図ばっかりするんだよな。
>
> 　　　いっつも、無駄話<u>ばっかりで</u>、仕事が遅いんだよ。

　なお、各スキットの文句の表現は以下のようになります。

① 「他にも席が空いてるのに」「こっちは静かに食事したいのに」「30分しても料理は来ないし」

② 「予約してほしかったよなあ。」「文句ばっかりでさあ。」「一番安いコース、注文してるくせに」

③ 「にらまれるし。」「騒いでたわけじゃないのに。」「せっかく、おいしい料理を食べに行ったのに、気分も台無しになっちゃった。」

問題3　聞き取りのポイント

① この男性客は、ウェイターについて「応対が最悪だった」と述べています。具体的には、座

らされた席のことや、料理が遅いこと、まだ食べ終わっていない皿を片付けられたりしたことなどです。女性客に対しては、「子連れで」と子どもを連れている人に対する呼び方としては、否定的な表現を使っていることや「子どもがうるさくって。」と言っていることから、レストランに子どもを連れてくるべきではないし、連れてくるのであれば、もっと静かにさせるべきだと考えていることがわかります。

② このウェイターは、客は、「席がトイレに近い」や、「隣の席の子どもがうるさい」のように「どうでもいい細かいこと」に「いちいち文句を言う」べきではないと思っています。

③ 女性客は、男性客がウェイターに文句を言うのを聞かされ、また自分も子どもがうるさいとにらまれており、客はこのような「偉そう」な態度をとるべきではないと考えていると思われます。

■ポイントリスニング

　ここでは、表現の言語形式だけでなく、イントネーションで意味が異なることに注目させてください。①③⑥は純粋な質問です。一方、②④⑤⑦⑧は、それぞれ②「いったい〜んですか」、④「〜のに、〜ってどういうことですか」、⑤「どうして〜てくれなかったんですか」、⑦「〜意味がないじゃないか」、⑧「〜困るじゃないですか」という言語形式から、質問の形式ではありますが、明らかに文句や苦情の発話であることがわかります。ただし、①③⑥の発話も、イントネーションによっては、文句や苦情にもなるので注意が必要です。

■重要表現のポイント

　ここでは、「文句・苦情を言う」「事情を説明する・言い訳する」「非難する」という3つの機能を取り上げます。

文句・苦情を言う

　聞き取り練習Ⅰの会話は、直接的に文句や苦情を言う会話を扱っていますが、私たちは、普段文句や苦情をそれほど直接的に言っているわけではありません。ここで提示した文句や苦情を言う表現はきつく聞こえるものが多いので、その点を学習者に説明するようにしてください。

1) 文句や苦情は、ストレートに言わず、間接的に言うことが多いです。例として、自分が希望していたことが相手の行動と異なっていたことを指摘したり、聞き手に質問したりするといった言い方が挙げられます。このように話すことで、直接的に文句や苦情を言うことを避けることができます。また、特に▮の状況では、間接的に文句や苦情を伝えることが好まれます。その一つの用法として、「そういう規則になっている」と述べる方法があります。なお、重要表現は、文句や苦情を間接的に伝える言い方から、より直接的に伝える言い方に並べてあります。

　　例　もっと早く来てほしかったんだけど。

　　　　　どうしてもっと早く来てくれなかったの？

　　👔 ここでは、ペットは連れてきてはいけないことになっていますけど。

2) 何度言っても聞き入れてもらえない場合や、相手が対処してくれない場合、または、あまり
　　に憤慨した場合などに、ストレートに文句や苦情を言うことがあります。たとえば、「〜わ
　　け？」を用いて相手に質問したり、「いったい〜んですか」などの表現を用いると詰問調に
　　なります。また、文末まで強くはっきり発話して語気を強めると、憤りをより強く表すこと
　　ができます。

　　例　👕 なんで、それができないわけ？

　　　　👔 できないって、いったい、どういうことなんですか。

3) 👕の状況で、そうすることが不可能であることを「〜って」を伴って述べることで、文句や
　　苦情を言い表すことができます。なお、この場合の「〜って」は誰かが言ったことを引用す
　　る場合の「〜って」の用法とは異なります。

　　例　👕 だめだって。

　　　　👕 それは無理だって。

《次のような場合はどう言いますか》

　　ここでは、相手との人間関係と状況によって、相手にどのように直接的に文句や苦情を伝える
かを確認します。👕と👔の使い分けだけでなく、どの程度直接的に文句や苦情を伝えたいのか
によって表現が変わることをクラスで話し合ってみるとよいでしょう。

　　下の解答は一例です。学習者が考えた表現について、適切かどうかだけでなく、なぜその表現
を使ったのかについても考えさせるようにしてください。

[解答例]

① そろそろ返してほしいんだよね。／いつになったら返してくれるわけ？

② いったい、あと何分ぐらい、かかるんですか。／30分も待っているんですけど。どういう
　　ことなんですか。

③ 連絡ぐらいしてほしかったんだけどなあ。／どうして連絡くれなかったの？

④ 今日はこちらにあるって書いてあるんですけど。／ここにあるって書かれているんですけど、
　　ないってどういうことですか。

事情を説明する・言い訳する

1) 文句や苦情を言われた人は、事情を説明したり言い訳をしたりします。そのときの表現をこ
　　こでは挙げています。こういった理由の説明として、もっとも一般的なのは、「んだ／んで
　　す」でしょう。また、「思う」を用いて、「〜と思ったから」ではなく、「〜と思っていたか
　　ら／思っていたんで／思っていたものですから」と「（思っ）ていた」と述べることで、話し
　　手がそのことについて前々からそう思っていたことを示すことができ、とっさに考えた弁明

ではないことを伝えることができます。

　　例　👕もう、そのことは済んだと思っていたんだ（けど）。

　　　　👔すでに、ご連絡してあると思っていたんです／ものですから。

2）　ただし、事情説明や言い訳を長々と述べると、かえって言い訳がましいと相手に思われてしまう可能性があります。また、「だって〜」「〜んだって」「〜んだもん」（いずれも👕）は自分の正当性を主張する表現なので、多用すると相手の気持ちを損ねる場合もあります。

　　例　👕だって、忙しかったんだ。

　　　　👕忙しかったんだって。

　　　　👕忙しかったんだもん。（女性的で子どもっぽい表現）

《次のような場合はどう言いますか》

　ここでは、文句や苦情を言われたときに、その応答として、事情を説明したり言い訳したりする場合の表現の練習をします。事情説明や言い訳をどの程度詳しく述べるかによって、相手に与える印象が変わってくることをクラスで話し合ってもいいでしょう。

　下の解答は一例です。学習者が考えた表現について、適切かどうかだけでなく、なぜその表現を使ったのかについても考えさせるようにしてください。

［解答例］

①　すっかり忘れてた。実験してたんだ。ほんとごめん。／明日だって思ってた。悪い悪い。

②　かばんに入れたって思ったんだけど。ごめん。／かばんに入れたつもりだったんだ。ごめん。

③　締め切りは、（明日）だと思っていたものですから。／締め切りは、（明日）だと思っていまして。

④　（缶の日）だと思っていたんです。／あ、そうなんですね。（缶の日）だと思ってました。

非難する

　相手に単に文句や苦情を言うだけでなく、「こうしてほしかったのに」と相手が取らなかった行動を非難することがあります。そのように述べることによって、今、または、今度はそうしてほしいと相手の行為を要求することができます。本冊に挙げた以外の表現例としては以下のようなものがあります。今、そうしてほしいと伝えるときは、「〜てほしいんだけど」となり、今度はそうしてほしいということを間接的に伝えるときには、「〜てほしかったんだけど／〜てもらえればよかったんだけど」という表現になります。

　　▶今、そうしてほしいとき

　　例　👕早く　来てくれないと、困るんだ（けど）
　　　　　　　来てほしいんだけど。

　　　　👔早く　来てもらえないと、困るんですけど。
　　　　　　　来ていただけないと、

▶今度、そうしてほしいと間接的に伝えるとき

　　例　　👕早く来て　ほしかったな。
　　　　　　　　　　　もらいたかったな。

　　　　👔早く　来てもらっていれば、　よかったんですが。
　　　　　　　　来ていただいていれば、

《次のような場合はどう言いますか》

　ここでは、相手が取らなかった行動を非難し、実は今すぐそうしてほしい、または、本来ならそうしてほしかったと伝える場合の表現を練習します。どう言えば、相手がその行動をしてくれるか、学習者に考えさせるようにしましょう。

　下の解答は一例です。学習者が考えた表現について、適切かどうかだけでなく、なぜその表現を使ったのかについても考えさせるようにしてください。

[解答例]

①　そろそろ返してくれないと困るんだけど、あれ、弟のだから。／今日、持ってきてほしかったなあ。

②　言っといてくれないと困るんだよね。／言っといてもらいたかったんですけど。

③　今もらえないと、困るんですが。／まだなら、電話していただければ、よかったんですが。

④　豚だと、困るんですが。／注文通りの、持ってきてもらえないと…。

■ロールプレイのポイント

　文句や苦情を伝える会話は、勧誘したり許可を求めたりする場合のように、典型的な話の流れの型はありません。しかし、会話の相手やその状況をどの程度不満に思っているかによって、言い方が異なってきます。その点を学習者に考えさせるようにしてください。また、文句や苦情を言われた側になった学習者には、どの程度、事情説明や言い訳をしたりしてもいいのか、言い過ぎることによって言い訳がましくなったりしないか、といったことを考えさせるようにしましょう。

【音声ファイルを活用した会話練習例】

・聞き取り練習Ⅰスキット①（track 81）は、駅員と乗客の会話です。新幹線が遅れている原因を尋ね、遅れていることに対する苦情を駅員に伝えてみましょう。

・聞き取り練習Ⅰスキット③（track 84）は、ホテルのフロントに、シャワーから水しか出てこないことについて苦情を言っている会話です。シャワーの他にも、他の苦情を伝えたり、フロントに何らかの行為を要求したりする、といった会話の展開を考えることができます。

■その他のロールプレイタスクの例

　※ロールプレイは、学習者が実際に遭遇する場面を想定して、設定してください。

・友人に貸していた漫画を返してもらったら、その漫画が汚れていました。友人に文句を言ってください。

・ルームメートは、食べたあと食器をシンクに入れたままでなかなか洗いません。ルームメートにあなたの不満を伝え、早く洗ってくれるように言ってください。

・アパートの隣の人はいつも大音量で夜遅くまでテレビを見たり音楽をかけたりしています。大家さんに苦情を伝えてください。

・あなたの家の前の駐車場に工事用のトラックが止まっています。あなたは自分の車を出したいのでトラックを移動してもらうように言ってください。

・あなたは新幹線に乗っています。後ろの乗客の子どもが騒がしく、ゆっくりとくつろぐことができません。後ろの人に静かにしてもらえるように言ってください。

・レストランで注文したスパゲッティーに髪の毛が入っていました。店の人に苦情を言ってください。

・友人と映画を見に行く約束をしていましたが、約束の時間になっても友人は来ません。友人に電話をかけてください。

・昨日までに取引先から見積もりの書類が届くことになっていましたが、まだ届いていません。電話をかけて、書類が届かなくて困っているというこちらの状況を伝えてください。

　ロールプレイに慣れていない学習者の場合、既出のモデル会話の表現や流れをそのまま使う「シナリオ暗記」的な練習になってしまうことが多いようです。ロールプレイに慣れていない学習者には、下の「ロールプレイ準備シート」を用いて、ロールプレイタスクについて、ペアの学生と共に、設定を確認し、どのように話を進めるのか考えさせるとよいでしょう。

　２人でペアになり、ロールプレイタスクについて下の内容を相談して決めてください。そして、どのように話を進めればよいか２人で準備してから、ロールプレイをしましょう。

> **例**　夜、泊まっているホテルに戻ると、部屋の机の上に置いていた書類がなくなっていました。ホテルのフロントに電話をかけてください。

話す場所	ホテル
誰が誰に？	宿泊客 ➡ ホテルのフロント
人間関係と状況	比較的高級なホテルに宿泊しています。その日はずっと外出していましたが、夜、ホテルに戻ると、机の上に置いておいた書類がありません。その書類は、明日の仕事で使用する大事な書類です。その書類と同じ内容のファイルをパソコンに入れてあるので、なくても再度印刷すればいいのですが、仕事の書類を無断で捨てられるのは困ると思っています。
伝えたいこと	・仕事の書類を勝手に捨てられては困る。 ・書類自体はパソコンに保存してあるので再度印刷すればいい。
状況に対して対応してもらえるかどうか	難しい（なくなった書類を探し出すのは難しい）
文句や苦情を言われた側の対応方法	・今後同様のことが起こらないようにすると謝る。 ・朝食のクーポンを提供する。
使う表現	【文句や苦情を伝える人（宿泊客）】 ・置いておいたはずの書類がなくなっているっていうのはどういうことなんでしょうか。 ・こういうことがあると、困るんですけど。 【文句や苦情を受ける人（フロント）】 ・そんなことになっていたとは存じませんでして。 ・今後このようなことがないように、注意致します。
会話で工夫すること	・苦情を言うときは、何が問題で、今後どうしてほしいかを説明する。 ・苦情に対応するときは、相手が納得するような対応方法を述べる。

■ 練　習 ―もういっぱい―　　※ 練習シート＝ p.134

　「練習―もういっぱい―」は、スキットの語彙の使い方や重要表現の理解を確認するための練習問題です。シートをコピーして、宿題として使うこともできます。

[解答]

[1] ① いったい　② なんとか　③ いちいち　④ して　⑤ あって　⑥ でかい

[2] ① お湯が出にくいこと。お湯が少ししか出ないこと

　　② 気をつけてください

　　③ 払ったお金を返してもらうこと

　　④ 書類のコピー

　　⑤ よくないことが起こったけれど最悪のことは起こらなかったということ

　　⑥ 子どもを連れている大人

[3]（解答例）

　　① a) きれいだったはずだけど。b) きれいに読んでほしかったんだけど。

　　② a) 締切が過ぎてから、そう言われても困るんですけど。

　　　 b) こういうことがないようにしてくださいね。

　　③ a) こんな時間まで工事をするって、どういうことなんでしょうか。

　　　 b) 今すぐしてもらわないと。

「中華のほうがいいんじゃない？」 ─提案─

【この課で学習する内容】

　第7課では、提案の会話について学びます。提案は、「2人以上で決定する必要がある場合に、決定にむけて具体的な意見を出し合う」言語行動です。初級段階で学ぶ助言の表現「〜たらどうですか」や「〜たほうがいいですよ」も提案の場面で用いますが、これらの表現は、相手に行動することを強く求めている印象を与える恐れがあるため、相手や場面によって提案の仕方を工夫することが求められます。

　この課では、相手への押し付けにならないように提案内容を推すのに適した表現や、相手の提案に対する賛成や反対の述べ方、また判断を保留する場合の返答の仕方について学習します。

■聞き取り練習の前に

晩ご飯を一緒に食べに行くことになりました。どこで食べるか提案する時に、相手が、先生と友人の場合で、言い方をどのように変えますか。

　提案をするときに、相手が教師と友人の場合とではどのように言い方を変えているか、学習者と話し合います。

　他にも、「提案に反対して気まずい思いをした」、「相手に提案が受け入れられたのかどうかわからない」など、提案で困った経験を共有することにより、提案の仕方だけでなく、その返答の仕方についても意識させることができます。

■こんなとき、どう言いますか

　①では、自分の意見を述べる際に用いることができる表現について確認します。提案の際に助言の形を取ると、相手にそうするように働きかけることになりますし、勧誘の表現を用いると自分も一緒にそれをしようとアイデアとして伝えていることになります。前者は、するのは自分ではなく相手、つまり相手に指示をしていることになりますので、使い方に注意が必要です。後者もまた、自分と相手が一緒にすることを提案しているので、そのような状況にしか使えません。

提案	表現例（カジュアル）
助言する	（直接聞いてみ）なきゃ／（直接聞いてみ）ないと。
	（直接聞いてみ）たら？
	（直接聞いてみ）れば？
	（直接聞いてみ）たほうがいいよ。
勧誘する	（直接聞いてみ）ない？
	（直接聞いてみ）ようよ。
	（直接聞いてみ）る？

アイデアを提示する	（直接聞いてみる）とかは？
	（直接聞いてみる）ってのは？
	（直接聞いてみる）っていうのはどうかな。
	（直接聞いてみ）てもいいかなって。
	（直接聞いてみ）たほうがいいかもしれないね。
	（直接聞いてみ）たほうがいいんじゃない？

②では、表現の違いによって相手が受ける印象が異なることを確認します。

■聞き取り練習 I

問題 1 聞き取りのポイント

スキット①

(1)(2) 男性と女性がお互いに普通体で話していること、そして、健という名前の子どもを夏休みにホームステイさせるかどうかについて話をしていることから、この二人は夫婦であると考えられます。

(3)(4) 息子をホームステイさせることについて、「あれなんか、どうかなって思ってさ。」と夫が提案し、それに対して妻は、「でも、まだちっちゃいし、大丈夫かな。」と否定的な意見を述べています。しかし、夫が、「川村さんが、息子さんをホームステイさせたことがあって、すごくよかったんだってさ。」と提案の背景を述べたことにより、妻は、「じゃ、川村さんにもうちょっと詳しくきいてきてよ。」と反対意見を取り下げて、提案に対する保留を述べています。

スキット②

(1)(2) 男性は女性に対して丁寧体で、一方、女性は普通体で話をしているので、ここには上下関係のあることがわかります。また、何かの発表のあとの打ち上げの場所について話していることと、その打ち上げには先生も参加すると言っているため、二人は大学の先輩と後輩の間柄であると思われます。

(3)(4) タイ料理のお店について男性が、「先輩どうですかねえ。」と提案をしました。それに対して女性の先輩は、「石井先生、ああいうの、だめなんだ。」と反対意見を述べ、その後で「『上海テーブル』にしない？」と代案を述べています。それを受けて男性は、「わかりました。じゃ、予約入れときます。」と賛成しています。

スキット③

(1)(2) 話を始めた人が、「あの、相津課長。」と言っているので、上司と部下の関係だとわかります。ここでは、二人とも互いに丁寧体で話をしています。上司によっては部下に普通体で話す人もいますが、このように職場では上下関係があってもお互いに丁寧体で話すことが多いです。「女性向け商品の売り上げが伸びてない」ことの対策として、「今度の企画会議」に出そうと思っている案について、部下が上司に話しています。

(3)(4) 部下が上司に「ターゲットになる 20 代から 30 代の女性に集まってもらって、アイデア
を出してもらうような場を作ったらどうかと考えているんですが、いかがでしょうか。」と
提案しました。それに対して上司は、「ま、生の声を聞くのは大事だと思いますけど」と賛
成できる点に触れた上で、「どうやってデータを集めるかがポイントになるんじゃないのか
なあ。」と懸案事項を提示しています。そして、さらに、「もうちょっと詰めて、具体的な案
を持ってきてくれますか。」と具体案を要求することで、部下の提案に対する返事を保留し
ています。

(1)(2) お互い丁寧体で話していること、子どもの通学路が危ないことについて話していること
から、この二人は子どもを持っている近所の母親同士であると考えられます。

(3)(4)「市役所に行って相談してみるっていうのもいいかもしれませんね。」という提案に対し
て、もう一人が「それいいですね。」と賛成しています。

(1)(2) 女性は、議題を述べて発表者を指名しているところから、この話し合いの司会者である
こと、議題が「次のショップをどこに出すか」という内容であることから、職場での会話で
あることがわかります。男性の発表者は常に丁寧体で話しているのに対し、もう一人の男性
は普通体で意見を述べているところから、二人は上司と部下の関係であると考えられます。
司会者である女の人と二人の男性との上下関係については、ここからはわかりません。

(3)(4) 発表者の男性は、「大崎の駅前が有力候補として挙げられるのではないかと考えており
ます。」と大崎駅前に店を出すことを提案しましたが、「でも、…遠いでしょ。運送コストがか
かるんじゃないの？」と上司から否定的な意見が提示されました。さらに、「そこんとこを、
はっきりしないと、次進められないんじゃないの？」、「じゃ、ま、次の会議までにもう少し
詰めてから、再度、検討しましょうか。」と現行の提案内容には再検討の余地があるとの指
摘もあったことから、現時点での決定は保留であることがわかります。

　トラックナンバーの箇所を再生して表現を確認することができます。答えを書く欄があります
が、表現を全て書き取らなければならないわけではありません。口頭での確認だけでもいいで
しょう。

　また、余裕があれば、相手の提案に賛成しかねる場合に、賛成することに伴う不安や懸念、賛
成できない背景などをどのように述べればよいか話し合ってみましょう。

[他の表現例]

① 「田舎で過ごさせるのってどうかな？」

「田舎で過ごさせるのなんてどう思う？」

「田舎で過ごさせてみない？」

「田舎で過ごさせてみてもいいんじゃないかなって思うんだけど。」　など

② 「あそこ（なんて）いいんじゃないかって思うんですけど。」

「あそこ（なんて）よさそうかなって思ってるんですが。」

「あそこ（なんて）、どうでしょうか。」

「あそこ、おすすめなんですけどね。」　など

「定番すぎるかもしんないんだけど、『上海テーブル』なんてどうかな？」

「定番すぎるかもしんないんだけど、『上海テーブル』とかは？」　など

③ 「…アイデアを出してもらうような会を開いてみてはどうかなあと思うんですが。」

「…アイデアを出してもらうような会を開いてみるっていうのを考えているんですが。」

「…アイデアを出してもらうような会を開いてみようって思っているんですが、どう思われますか。」　など

④ 「市役所に行って相談するっていうのは、どうでしょうか。」

「市役所に行って相談してはどうかと考えているんですが。」　など

「…近所の皆さんに声をかけてみませんか。」

「…近所の皆さんに声をかけてみるとか。」　など

⑤ 「大崎の駅前が有力候補として挙げられるのではないかと思っているんですが、いかがでしょうか。」

「大崎の駅前に店を出すという案を提案したいと思います。」　など

■聞き取り練習Ⅱ

　聞き取り練習Ⅱは、雑誌の特集記事のために、持続可能な社会を目指した取り組みについて話を聞いている場面です。それぞれの会社や店がどのような取り組みを検討しているか、あるいはすでに実行しているかについて述べています。

問題1　聞き取りのポイント

① インタビューを受けている人は、「個別包装をやめたほうがいいっていう意見が多く出てきた」と言っています。現在は「どのような折衷案が考えられるかを検討しよう」ということになっていると述べています。

② インタビューを受けている人は、社内では「週のうち何日かは交替で在宅勤務ができるようにしよう」、「時差出勤をもっとやりやすくしてはどうか」などの意見が出ていると言っています。また、「社内託児所の設置」を望む声があるとも述べています。

③ インタビューを受けている人の店では、「消費期限が近い商品を値引きして、お客さんの目

につきやすいように、店の入り口の棚に集めるのがいいんじゃないか」ということが提案され、「1ヶ月ぐらい前から始めた」と述べています。その後、「もっと根本的なところから変える必要があるんじゃないか」ということが提案されています。

問題2　聞き取りのポイント

① 「試しにいくつかの商品で個別包装をやめてみた」という発話から、試験的に取り組みを始めたことがわかります。しかし、消費者から個別包装に戻してほしいという声が多いため、「今はどのような折衷案が考えられるかを検討しよう」ということになっています。

② 「何が必要かっていう議論が少しずつ活発になってきています。」、「いろんな意見が出されてます」という発話から、現在は話し合いの段階であり、取り組みは始まっていないことがわかります。また、「会社全体でそういう空気が生まれていて」という女性の発話から、議論は一部の社員だけでなく、会社全体で行われていることがわかります。「在宅勤務」や「時差出勤」に関する提案に対しては、社内での反応は全体的に「悪くない」と言っており、提案が受け入れられる可能性が感じられます。一方、「社内託児所の設置」については「実現は難しそうな感じ」と述べており、提案実現は容易ではない様子がわかります。

③ 何か取り組みをしているかという問いに対して、「始めたには始めたんですが」と答えているところから、実行には移したが問題があるということがわかります。取り組みがうまくいっていないことを受け、社内では「売れ残って廃棄処分になる食品を減らすには、もっと根本的なところから変える必要があるんじゃないか」という意見が出ており、「今は仕入れの数とか頻度について社内で見直しているところ」です。

問題3　聞き取りのポイント

① 個別包装をやめるという取り組みに対して、「不便だから元に戻してほしい」という意見が「びっくりするほど消費者から寄せられて」という発話から、話している人は、この取り組みに対して否定的な意見が多いことに驚いています。

② 「在宅勤務」と「時差出勤」をやりやすくしようという提案に対しては、「お金がかかることでもない」と述べ、実現しやすいのではないかと見ています。一方、「社内託児所の設置」については、「お金がかかることなので、実現は難しそう」だと思っています。

③ 「消費期限が切れてるわけでもないし、すぐ食べるんだったら（消費期限が近くても）問題ないって思いそうじゃないですか。」とインタビュアーに同意を求めているところから、話している人は、店のアイデアが客に受け入れられるだろうと思っていたことがわかります。自分は消費期限が近いか近くないかは「あんまり気にならない」が、消費者はそうではないようだと述べています。

■ポイントリスニング

提案なのか、提案に対する意見なのかは、ある程度、表現型でわかりますが、イントネーションも重要な役割を果たしています。特に、話し手がそれをどういう気持ちで言っているかはイントネーションに顕著に現れます。例えば、⑦の文末の「ね」は「ねぇー」と長く伸びるように発話され、「今日はいい天気ですね」というときの「ね」とは大きく異なっています。⑦のような言い方からは、「お父さんにおしゃれなかばんをあげる」という提案に対して否定的な意見を持っていることが伝わってきます。

① 「…出してみたらどうかって思うんですけど」という提案の表現が使われています。言いよどみがなく、積極的に提案していますが、押し付ける感じはありません。

② 「～っていうのもいいんじゃないですか」と言って、自分の意見を一つの選択肢として提示しています。上昇イントネーションで終わっており、聞き手に対して同意を求めています。

③ 「(A：母の日)だから(B：カーネーション) っていうのもね」という形は、AとBの組み合わせが定番すぎてつまらないということを表します。これによって、断定表現を避けつつ提案に対して反対であることを表しています。

④ 「～んじゃないですか」はイントネーションによって意味が異なる表現ですので、注意が必要です。ここでは、いったん下降してから上昇イントネーションになっていて、相手と異なる自分の意見を主張しています。

⑤ 「～はどうかって思うんですけど」は、相手の意見を受け入れられないことを表す表現です。似た表現に「～はどうかなって思うんですけど」がありますが、こちらは、相手に自分の意見についてどう思うかを尋ねる表現で、使い方が大きく異なります。

⑥ 「～のもいいかなって」は、他の案でもかまわないという気持ちを表しつつ、自分の提案をするときの表現です。相手に強く働きかける表現ではありません。

⑦ 「～てもねえ」は、相手の提案に対して、「それをしても意味がない、つまらない」といった否定的な評価を表す表現です。

⑧ 「…とかは？」は一案を提示するときに用いる表現です。相手の意見を求めるため、上昇イントネーションで発話されます。

■重要表現のポイント

　ここでは、「提案を述べる」「提案に賛成する」「提案に反対する」「代案を提示する」「答えを保留する」という5つの機能を取り上げます。

提案を述べる

　ここでは「こんなとき、どう言いますか」で概観した、「アイデアを提示する」形での提案表現について学習します。

1) 会議やプレゼンテーションなど複数の聞き手に対して自分の案を述べる場合(本冊 👔 の最後の表現を参照)を除き、提案には、相手の判断を仰ぐ形式(以下のa)、b))や、断定的な表現を避けた形式(以下のc)、d))が用いられることが多いです。本冊の👕と👔では、この順番に重要表現を提示しています。

a) 候補の一つであることを伝える　　例：「〜とか」
b) 質問の形式にする　　　　　　　　例：「〜っていうのは？」
　　　　　　　　　　　　　　　　　　　「〜にする？　〜にする？」
c) 言いよどむ　　　　　　　　　　　例：「〜たらどうかと思うんですが…」
　　　　　　　　　　　　　　　　　　　「〜たほうがいいと思うんですが…」
d) 独り言の形式にする　　　　　　　例：「〜かな」

　これら a)〜 d) の形式を用いると、自分の提案を強く推しているという印象を与えません。例えば、自分の提案は一案に過ぎないことを示したり a)、自分の提案に対する相手の意見が聞きたいということを明示できる b) からです。また、断定的な表現の回避 c) d) は、強引さを緩和する効果があります。さらに、b) の質問の形式を用いると、互いの意見を聞き合い、皆で一緒に話し合いをしているという雰囲気が作れます。

　話し合いの参加者が互いに意見を出し合って決定するというプロセスにおいては、一方的に案を提示するのではなく、提案内容について他の人がどう思うかを尋ねながら話し合いを進めることにより、話し合いの参加者がみな最終的に納得して提案を受け入れることができます。

2) 複数の参加者が話し合って何かを決めるとき、例えば、「（打ち上げの場所）は、どこにしましょうか」と自分が議題を提示した直後に、「（上海テーブル）なんかいいと思っているんですけど」と続けて提案すると、強引な印象を与える恐れがあります。そのような印象を与えないためには、自分のアイデアがある場合でも他の人のアイデアが出るのを待ち、その後に自分のアイデアを述べるといいでしょう。ただし、話し合いの進行役として自分が話を進めていく必要がある場合には、議論が活発に行われるように、あるいは議論が停滞しないように議題提示後に続けて提案を述べることもあります。

3) 自分が提示したアイデアは、その理由や背景を述べると他の人から賛同を得やすくなります。例えば、聞き取り練習 I スキット②の、「あそこだったらいろいろメニューもそろってるし、石井先生も好きだって言ってたから。」という発話に見られるように、理由を一つではなく複数挙げるとより効果的です。また、「6時にする？　人が集まりやすそうだから。」のように、提案した直後に提案理由を述べるという方法もあります。

4) 職場の会議などのフォーマルな話し合いの場では、提案する際に次のような表現が用いられます。
例　（2号店は、駅から外に出ないで行ける場所）がいいのではないかと考えています。
　　　（外注を増やす）（という）のも一案です。／一案だと思います。
　　　（ポイントがたまればキャッシュバックされるようにする）という方法が／も考えられ

る（か）と思います。

《次のような場合はどう言いますか》

　ここでは、相手との人間関係と提案内容、また自分の提案をどの程度強く推したいかによって、表現を使い分けることができるかどうかを確認します。👕と👔の使い分けだけでなく、どういった状況や相手に対し、どのような議題であれば積極的に提案できるかについて、クラスで話し合ってみるとよいでしょう。特に④は、職場でのフォーマルな会議という場で、自分の提案を受け入れられやすくするためには、提案内容を伝えるだけでなく、どのような提案理由を添えればいいかについても考えさせてください。

　下の解答は一例です。学習者が考えた表現について、適当かどうかだけでなく、なぜその表現を使ったかについても確認するようにしてください。学習者の言語や文化により提案の強さの捉え方が異なるかもしれませんので、その違いについても注目して話し合うとよいでしょう。

[解答例]

① 「学校どこですか？」とか？／「いつもこのバスだよね」って言ってみたらどうかな？

② いいんじゃないですか。その代わり、朝早く来て仕事を片付けるって言ってみたらどうですか。／毎日じゃなくて、２日か３日ぐらい早く上がらせてほしいって言ったほうがいいと思いますよ。毎日っていうのはちょっと難しいかなって。

③ 駅前の本屋さんの隣にできたパスタ屋さんはどうかな？／最近ちゃんとしたもん食べてないし、焼肉とかでもいいかも。

④ あのう、うちは95％が正社員ですけど、他社と比べてかなり多いと思うんです。それで、来年度の採用枠は、これまでより少なくして、代わりに派遣の人の割合を増やすのも一案だと思います。そうすれば、コスト削減にもなりますし、現場も本当に必要なスキルをちゃんと持っている派遣の方に来てもらったほうが効率もいいでしょうし。／ええと…、現在社内で行っている業務の一部を外注するという方法が考えられるかと思います。業務の種類ごとに予算内で抑えられるところを見つければ、それがコスト削減にもつながるのではないかと。

提案に賛成する

1）　対等な立場の人の提案に賛成するときには、評価や了承を表す発話によって賛成の意を表します。

　　▶評価の表現を用いて賛成を表す

　　例　👕それいいね。／面白そう。／いいんじゃない？

　　▶了承の表現を用いて賛成を表す

　　例　👕うん、わかった。／了解。

2）　目上の人の提案に賛成する場合には、「それ（で／が）いいんじゃないでしょうか」のような評価を表す表現が使われることもありますが、一般的ではなく、相手や場面によっては失礼で不適切な発話となるので注意が必要です。評価を避けた表現には以下のようなものがあります。

　▶同意の表現を用いて賛成を表す

　例　　私もそう思います。

　▶了承の表現を用いて賛成を表す

　例　　はい、わかりました。

　▶自分の行動を約束することによって賛成を表す

　例　　はい、では、（他の人にも伝え）ておきます。

　▶相手に依頼する形で賛成を表す

　例　　はい、ぜひお願いします。／ええ、それでお願いできますか。

3)　目上の人が出した提案については、提案内容を評価するのではなく、代わりに「それ、とてもいいですね。私には思いつきませんでした／私は考えたこともありませんでした」のように、自分には考えられなかった案だと述べて積極的に肯定する気持ちを伝えることがあります。

《次のような場合はどう言いますか》

　ここでは、相手との人間関係、提案内容、また出された提案をどのような表現（評価、了承、同意など）を用いて賛成の意思を表したいかによって、使い分ける表現を確認します。👕と👔の使い分けだけでなく、答え方によって相手にどのような印象を与えるかについてもクラスで話し合ってみてください。

　下の解答は一例です。学習者が考えた表現について、適当かどうかだけでなく、なぜその表現を使ったかについても確認するようにしてください。

[解答例]

① はい、わかりました。／あ、いいと思います。

② あ、それ、いいね。／ああ、あそこね。あそこならメニューも多くていいよね。

③ それ、いいんじゃないでしょうか。／賛成です。

④ ああ、いいよ。了解。／うん、じゃ、それでいこっか。

提案に反対する／代案を提示する／答えを保留する

1)　提案に賛成できない場合には、提案に反対であることを伝える、代案を提示する、答えを保留する、の3通りの発話が可能です。いずれの場合も、その理由や背景などを付け加えて説明することにより、相手が納得し、より建設的な話し合いに発展させることができます。

2)　提案に賛成できない場合、1)のいずれの発話の際にも、いきなり反対意見を述べるのではなく、相手の提案について聞き返したり、提案内容についてよく思案していることを示す表現を述べたりします。また、相手の提案を一旦肯定してから反対意見を述べると、対立の図式がやわらぎます。これらの表現は組み合わせて使うことも可能です。

　▶聞き返す

例　えー、（5時）ですか。／えっ、（週末にやる）んですか。

　▶思案していることを示す

例　うーん、そうですね。／うーん、どうでしょうか。

　▶相手の提案をいったん肯定する

例　あ、そういう考え方もありますね。でも…。／ただ…。
　　　うーん、確かにそれもありだと思うんですが、…。

3) 提案に反対であることを伝える場合、文末に「〜かも（しれない）」、「〜そう」などを用いると、反対意見をやわらげることができます。また、提案に対する懸念や周辺事情などを述べて、反対であることを暗に示したりすることもあります。

　▶反対の気持ちを直接的に伝える

例　👕それ、よくない（かも）よ。／ええっ？　それって（難し）そうじゃない？
　　　👔（その案は厳しい）かもしれないですね。／（そのやり方はちょっとまず）そうですね。

　▶反対の気持ちを間接的に伝える

例　👕いやあ、（他の人の都合もある）しね。／それだと（あんまり人が集まらなさそうな）気がするな。
　　　👔でも、（時間的なこともあります）し。／うーん、それって、（予算が倍ぐらい必要なん）じゃないですか。

4) 提案への反対の気持ちは、代案を提示することで表すこともできます。その場合、提案内容をくり返すと、代案のほうがより適切であることを強調することになります。

例　👕（直接話す）より（メールで伝えた）ほうがいいんじゃないかな。
　　　👕（印刷しなく）ても、（電子ファイルがあれ）ばいいんじゃない？
　　　👔（借りる）のもありだと思うんですが、（買うこと）を検討してみてはどうでしょうか。
　　　👔（翻訳部分だけ外注する）っていう方法も考えられるんじゃないでしょうか。

5) さらに、間接的に反対を表明したい場合は、以下のように答えを保留する表現を使うことができます。賛成か反対かをはっきりさせず答えを先送りにするのは、文字通り今すぐには決断できないという場合もありますが、提案に反対であることを暗に示していることも少なくありません。したがって、前者の可能性が考えられる場合は、時間を置いて再度提案したり確認したりする必要があるでしょう。

例　👕少し考えさせて。／もうちょっと考えてもいい？
　　　👔もう少し検討させてもらえますか。／少しお時間いただけますか。

《次のような場合はどう言いますか》

A. 提案に反対する

　ここでは、相手との人間関係と提案内容によって、自分はその提案に反対であることをどのように伝えればよいかを確認します。👕と👔の使い分けだけでなく、相手との良好な人間関係を壊さずに自分の意見を伝えるにはどう言えばよいか、その際相手が納得するように反対の理由や背景を説明した方がいいか、クラスで考えてみるとよいでしょう。

　下の解答は一例です。学習者が考えた表現について、適切かどうかだけでなく、なぜその表現を使ったのかについても考えさせるようにしてください。

[解答例]

① えー？　27度ってちょっと高すぎるんじゃないですか。／えー、設定温度は25度のままで、使ってないときは電源を切るっていう方法も考えられるんじゃないでしょうか。

② いやあ、あそこ高いよ。予算のこともあるし。／イタリアンより、居酒屋とかのほうがよくない？　メニューも多いし。

③ そうですね。もう少し考えてみませんか。まだ社長に報告する段階じゃないような気がするんですよ。／あ、でも、社長、来週出張って言ってませんでしたっけ？

④ えー、それって、俺の作業のほうが大変そう。／それ、逆のほうがいいんじゃない？　お前のほうが、スライドとか作るの、得意じゃん。

B. 提案に賛成できないことを示す

　ここでは、反対意見を述べる前に、相手の提案に賛成できないことを暗に示す前置きの表現を考えます。相手の提案を聞いたあと、内容を聞き返す、自分が思案していることを表す、相手の提案をいったん肯定する、などの方法を取ることにより、相手の意見に反対することから生じる相手との対立をやわらげることができます。

　下の解答は一例です。学習者が考えた表現について、適切かどうかだけでなく、自分はどういうつもりでその表現を選んだか、また他の学習者が考えた表現を言われた場合、自分はどう感じるかなどについても意見を述べ合えるといいでしょう。

[解答例]

① えー、5時？／うーん、確かに早いほうがいいけど。

② うーん、QRコードですか。どうかなあ。／うーん、QRコードっていうのもありだけどね。ただ、…。

③ いやあ、森川先生ねえ…。／うーん、森川先生に頼むっていうのもありだとは思うけど。

④ うーん、花ですか。／そうですね。確かに…。

■ロールプレイのポイント

　ロールプレイの際には、正しい表現が用いられているかだけでなく、適切な話の進め方ができているかどうかも、クラスで話すような時間を持ったほうがいいでしょう。提案を述べるときに気を付けることとしては、提案のタイミングがあります。職場の会議などフォーマルな状況での進行役は、「〜はどうしましょうか」などと議題を提示したあと、続けて「私は〜がいいと思います」というように提案をすることがありますが、それ以外の場合であれば議題の提示のあと、続けて同じ人が提案をすれば、やや強引な印象を与えるため注意が必要です。また、提案や、提案に対する反対意見を述べる際には、その理由や背景をきちんと述べることも相手の理解を得るためには重要です。

　相手の提案に対して賛成するときは、くだけた間柄でない限り、相手の提案内容を上から評価するような発話は避けたほうがいいでしょう。反対するときにも、相手との良好な人間関係を維持するために、相手の意見を頭から否定しないことも重要な点です。反対意見や、代替案は、まず相手の意見のよいところについて言及してから述べる、といったように、発話内容の順番についても注意してください。

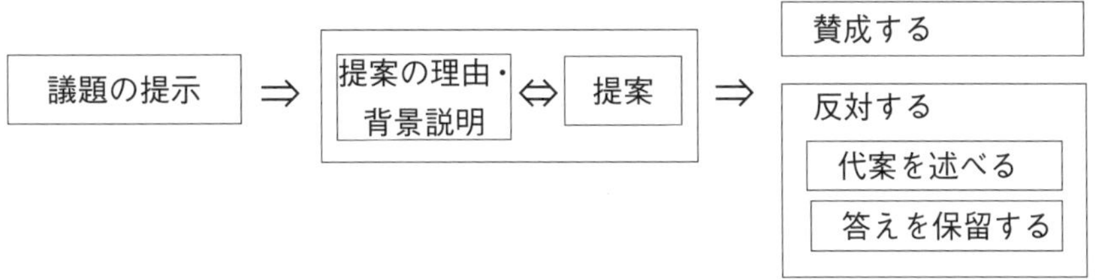

【音声を活用した会話練習例】

・聞き取り練習Ⅰを活用して、相手との良好な人間関係を保ちながら、提案内容をどの程度強く推したいと思っているか、またどの程度はっきりと賛成あるいは反対の気持ちを伝えたいかによって、提案や返答の仕方を変えてロールプレイ練習をすることができます。

・聞き取り練習Ⅰスキット②（track 97）は、打ち上げの場所を決める会話です。スキットでは、一つ目（後輩）の案が却下され、二つ目（先輩）の案が採用されています。同様のパターンで会話を作っていくときにも提案に反対するときの言い方を工夫するといいでしょう。また、後輩が先輩の案に反対するときの言い方を考えてみてもいいでしょう。

・聞き取り練習Ⅰスキット③（track 99）は、部下が課長に企画会議の案を提示している会話です。スキットでは、課長は部下の提案に対して答えを保留していますが、提案に賛成あるいは反対する場合の表現を考えてもいいでしょう。また、反対された場合、部下はどのように返答すればよいのかについても考えてみましょう。

【その他のロールプレイタスクの例】

　※ロールプレイは、学習者が実際に遭遇する場面を想定して、設定してください。

・（友人と）バーベキューパーティーをしようと思っている。必要な物の買い出しは誰がするのか、どこでするのか、他に誰を呼ぶのか、などを話し合って決める。

・（友人と）一泊旅行をしようと思っているので、話し合って詳細を決める。2人で行く場合、3、4人で行く場合で話し合いの仕方がどう変わるかに注意する。

・（クラスメートと）数人のグループになって、グループプロジェクトの内容について決める。

・（クラスメートと）数人のグループになって、日本人の高校生を対象にキャンパスツアーをすることになった。どの順番でどこに行って何をするのがいいか話し合う。

・（クラスメートと）幼稚園／小学校／高齢者向け施設で、自分たちの国の文化を紹介することになった。どのような内容にするか話し合う。

・（同僚と）会社の会議で、商品の売り上げを伸ばす方法について話し合う。

・（同僚と）持続可能な社会を目指して会社としてどんな取り組みができるかを会議で話し合う。

・（同僚と）社員食堂のスタッフとのミーティングで季節のメニューについて提案する。

・（上司に）定年退職する○○さんの送別会をどこでするのがいいか、提案する。

　ロールプレイに慣れていない学習者の場合、既出のモデル会話の流れをそのまま使い、キーワードだけを変えていく「シナリオ暗記」的な練習になってしまうことが多いようです。ロールプレイに慣れていない学習者には、下の「ロールプレイ準備シート」を用いて、ロールプレイタスクについて、ペアの学生と共に、設定を確認し、どのように話を進めるのか考えさせるとよいでしょう。

■ロールプレイ準備シート　※ ロールプレイシート＝ p.136 

　2人でペアになり、ロールプレイタスクについて下の内容を相談して決めてください。そして、どのように話を進めればよいか2人で準備してから、ロールプレイをしましょう。

> **例**　サークルでお世話になった先輩が、家の事情で来月国に帰ることになりました。先輩のために友人と何かしたいと思っています。何をするか考えてください。

話す場所	学校の食堂
誰が誰に？	友人（マシュー）➡ 友人（カーリー）
人間関係	マシューは先輩にとてもお世話になったので、少し高価な贈り物をしたいと思っている。カーリーは、マシューほど先輩にお世話になった記憶がない。
提案内容	少しぐらい高くても思い出に残るような物を買って贈りたい。
提案を引き受けてもらうのは難しい？簡単？	ちょっと難しい（カーリーは、あまり先輩に面倒を見てもらっていないし、いつもお金がないと言っている）。
使う表現	【提案を述べる（マシュー）】 ・少し高くても、何か思い出に残るような物を買って贈るのはどうかなって思ってるんだけど。 ・先輩が好きなレストランでご馳走するとかは？ 【提案に反対する（カーリー）】【代案を提示する（カーリー）】 ・何か買って贈るのも悪くないけど、物じゃないほうがいいんじゃない？
会話で工夫すること	・提案内容に反対された場合、なぜ高価な贈り物をしたいと思っているのか、その理由を説明する。 ・相手があまりお金のかからない代案を提示した場合、その内容によっては考えてもいいと伝える。

■ 練　習 ―もういっぱい―　※ 練習シート＝ p.137 

　「練習―もういっぱい―」は、スキットの語彙の使い方や重要表現の理解を確認するための練習問題です。シートをコピーして、宿題として使うこともできます。

[解答]

[1]　①っていうのは　②どうかな　③問題ない　④しておきます
　　　⑤個人的には　　⑥一案かと思います

[2]　①聞かれたくないことを聞かれて緊張した、怖い思いをしたこと

② 重要な点

③ あまり来ていない、集まっていない様子

④ 水分を含んでしまって、パリパリした食感が失われている状態

⑤ 気づきやすいところ。見ようとしなくても見えるところ

⑥ 考え方が共有されている雰囲気、状態

[3] （解答例）

① あ、それいいかも。置き物とかだと、もらっても置く場所に困るしね。／焼き菓子ねえ…。でも、お菓子だと、食べたら終わりじゃない？　私は、何か形で残る物のほうがうれしいかなあ。

② でも、うちの自治会長さんって、いい人ですけど、あんまり積極的に動いてくれないし、言っても無駄かなって。／実は、先週自治会長さんに話してみたんですよ。でも、あそこは交通量が多くないからって、あんまりちゃんと聞いてもらえなかったんですよね。

③ 大丈夫ですよ。でも、店長が怖いっておっしゃるなら、店のアカウントから私が投稿してみるとかでもいいですよ。それならどうですか。／えー、そうなんですか。じゃ、今日お店終わってから、僕、お手伝いしますので、一緒にやってみるっていうのはどうですか。

（解説）①提案に対して自分の意見を述べる、②提案に反対する、③相手が自分の提案に躊躇しているので再度自分の案を勧めるための練習です。提案に反対する場合は、相手との良好な人間関係を壊さないように、発話の出だしや文末表現に気を付けたり、反対の理由や背景をきちんと説明するなどの工夫が必要です。また同じ発話内容でも、イントネーションなどによって相手が受ける印象が異なりますので、言い方にも注意を向けてください。また、③のように相手が自分の出した案に躊躇している場合は、単に同じ提案内容をそのまま繰り返して、相手に自分の案に無理に従わせるのでなく、相手の理解が得やすいように再提案の内容や言い方を工夫しましょう。

「給料は悪くないんだけどね」 ―感想―

【この課で学習する内容】

　第8課では、職場の人間関係や待遇など仕事に関することをトピックとして、満足・不満・後悔などの感想を述べるという機能を取り上げています。日本語教育の教材では、会話における機能と言うと、依頼や許可、勧誘などのように相手に対して何らかの働きかけをする機能が取り上げられることが多く、感想を述べるなどの心的態度を表す機能については、まとまって提示されることはあまり多くありません。

　初級レベルで「～ば」「～ほうがいい」が学習済みであっても、「～ればよかった」「～ほうがよかった」が自分のしたことやしなかったことに対する後悔の表明になるということは知らないかもしれません。第8課では、このような話し手の気持ちを表す表現の学習をします。

■聞き取り練習の前に

仕事やアルバイトに満足していますか、不満な点がありますか。

　学習者が仕事やアルバイト、勉強、現在の生活などについて満足しているか、後悔していることがあるか、クラスで話し合います。また、その満足・不満な気持ちの原因は何かについても話し合ってみましょう。

■こんなとき、どう言いますか

①では、満足していることを表す表現と不満を表す表現を確認します。

満足	「～てもらえた」 「～て（のは）うれしい／ありがたい／よかった」　など
不満	「～てしまった」 「～（さ）せられた」 「もっと～たい（ほしい）なあ」 「～のいいところは～だけ」　など

②では、後悔の表現を確認します。

後悔している	「～ばよかった（よ／なあ）」 「～て、よかったのかなあ」 「～たら、よかったんだけどなあ」 「～て（い）たらなあ」 「～ほうがよかった（の）かもしれない」 「どうして、～たんだろう」 「もっと～たかったなあ」　など
後悔していない	「～てよかった（よ）」　など

■聞き取り練習 I

問題1 聞き取りのポイント

スキット①

(1)(2) 女性同士が普通体で話しているので、友人同士であることがわかります。また、新しい職場に慣れたかどうかや前の会社のことを話しているので、話題は「転職したこと」であることがわかります。

(3)(4) 「今度のところはどうなの？」と質問されて、「今のところは、いい感じ。みんな親切にしてくれるし、人間関係は文句なしってとこかな。」と答えているので、人間関係について満足していることがわかります。

スキット②

(1)(2) 二人が普通体で話していること、「この調子じゃ、一緒に住めるのも遠い話よね。」と言っていることから、恋人同士であると考えられます。女性の「いつになったら定職に就けるわけ？」と、男性の「だから、今、探してるって言ってるだろ。」の発話から、話題は「定職がないこと」だと考えられます。

(3)(4) 男性の今の仕事について、女性は「でも、仕事って言っても別に毎日じゃないでしょ。アルバイトしかしてないんだから。」とフリーターであることを皮肉っています。さらに、女性は「いつになったら定職に就けるわけ？」「こないだも、せっかく決まったカトウ電気の販売員の仕事、すぐ蹴っちゃったでしょ。あの仕事、続ければよかったのに。」と男性が定職に就いていないことへの不満を述べています。

スキット③

(1)(2) 一人が丁寧体でもう一人が普通体で話していること、人事から営業に変わった感想について話をしていることから、「今の仕事の内容」について、上司と部下が話をしていることがわかります。ここでは、上司は部下に対して普通体で話していますが、丁寧体で話す上司も多いです。

(3)(4) 上司が部下に「（医者に）頭下げて営業するのって、最初はきついだろうけど」と言ったのに対し、部下は「でも、ずいぶん、慣れました。」「それに、新しい薬を覚えたり、それを説明したりっていうのは、大変っちゃ大変なんですけど、ノルマがあるわけじゃないですし。」と大変であることは認めつつも、ノルマがないため、仕事はそれほど大変ではないと述べています。このことから、部下は仕事に満足していると考えられます。

スキット④

(1)(2) 男性と女性が普通体で話をしていること、女性に対して男性が「そんなに文句あるんだったら、会社辞めればいいじゃん。」と言っていることから、親しい間柄であることがわかります。答えは「夫婦」となっていますが、友人や恋人同士の可能性もあるでしょう。話の内容は、「同じ年に入社した山口君」という「会社の同僚」についてです。

(3)(4) 女性は、同僚の山口君が昇進したことに対して「仕事できないくせに。」と不満を持って
います。さらに、「わたしのほうが山口君より仕事できるのにさ、女だからってずっと昇進
もないし、ほんとに腹が立つ。」と昇進できないことへの不満を述べています。

スキット⑤

(1)(2) 女性同士が一人は丁寧体、もう一人は普通体で話をしているので上下関係のある先輩・
後輩の間柄であると考えられます。また、「あああ、わたしたち、いつまでコピーとデータ
入力ばっかりなんだろ。」と自分たちの「今の仕事の内容」について話しています。

(3)(4) 一人が、「あああ、私たち、いつまでコピーとデータ入力ばっかりなんだろ。」と今の仕
事に不満を漏らすと、もう一人の女性も「お給料も全然上がんないですしね。」「アルバイト
のほうが気楽でいいかもしれないですよね。」と同調しています。それを受けて、はじめに
不満を漏らした女性は「こんなんだったら、就職しなかったほうがよかったかもしんない。」
とさらに不満を述べています。

問題3

　トラックナンバーの箇所を再生して表現を確認することができます。答えを書く欄があります
が、表現を全て書き取らなければならないわけではありません。口頭での確認だけでもいいで
しょう。また、余裕があれば、同じような相手と場面で他にどんな言い方があるかを考えると同
時に、相手の感想を聞いて自分ならどのような発話を返すかについても考えてみましょう。

［他の表現例］

① 「本当に、最低の上司だったよ。」
　「本当に上司に恵まれなかったっていうか。」
　「あんな上司は二度とごめんかな。」　など
　「仕事できないのに、偉そうなんだよね。」
　「仕事できないなら、偉そうにしないでほしい。」
　「不景気で、ボーナスも出なかったんだよ。」
　「不景気で、ボーナスさえ出なかったんだよね。」

② 「すんごい重くて死にそうだったよ。」
　「重くって大変だったんだから。」

③ 「…大変なことは大変なんですけど、ノルマがあるわけじゃないですから。」
　「…大変かと言えば、ま、そうなんですけど、ノルマはないですしね。」

④ 「仕事できないのに。」

「仕事まともにできてないのに。」　など

「彼には困ってんのよ。」（女性的な表現）

「彼にはお手上げ状態なんだよね。」

「…女だからってずっと昇進もないんだよ。なんとかしてほしいんだけど。」

「…ほんといい加減にしてほしいんだけど。」

⑤ 「アルバイトのほうがましかなって。」

「アルバイトのほうがよかったりして。」

「就職しないほうがよかった。」

「就職しなければよかったかもって思うときがあるよ。」　など

■聞き取り練習Ⅱ

問題1　聞き取りのポイント

① 最初の「前の会社を辞めて、ここに応募した理由を簡単に話していただけますか。」という発話から、転職のための面接の会話であることがわかります。

② 最初の「大学時代にがんばったことと、この会社でどんなことをしたいと考えているか、話していただけますか。」という発話から、大学生が就職のための面接に来ている場面であることがわかります。

③ これは、①②のように、最初の部分だけでは会話の場面がわかりません。「わたしが卒業したのは一昨年なので、2年先輩ということになるのかな。わたしも皆さんと同じ頃は就職活動でとても忙しかったことを覚えてます。」から、話を聞いているのが学生で、話し手が同じ学校の先輩だということがわかります。そのあと、「わたしが就職した『ヤナギサワ』は、…」と会社の説明を続けていることから、発話の内容は会社の紹介であることがわかります。

問題2　聞き取りのポイント

① 前の会社の仕事について「若い社員が挑戦できる場所がありません」「上から言われたことをすれば、それでいいという雰囲気」「やりがいを感じることができませんでした。」と否定的な感想を述べています。

② 大学時代にしたことについて「夏休みに海外に出かけ、国々の伝統的な建物などを写真に撮った」「すごく勉強になった」と話しています。

③ 今の会社については、「上下関係も厳しくない」「自由な社風」「雰囲気はいい」「自由に意見を言える」「休みがこの業種では取りやすい」と満足しているようです。

　余裕があれば、スキット①に関しては、再就職するときに自分なら前の会社の仕事についてどのようなことをどんな表現を使って話すか、考えてみてもおもしろいでしょう。スキット②では就職の面接のとき、スキット③では就職活動をしている後輩に、自分ならどんなことを言うか学

習者に考えさせてみてください。また、同じことを、会社や大学などのフォーマルな場ではなく、友人などに話す場合で言い方がどう変わるか、考えてみるのもいいかもしれません。

■ポイントリスニング

現状に満足しているのか、不満なのかは、使われていることば（「親切」、「雰囲気がいい」、「人間関係に恵まれている」など）でほぼわかります。

① 「上司は厳しいんだけど…とっても勉強になります。」と言っているので満足していることがわかります。

② 「恵まれている」「居心地がいい」と言っているので満足していることがわかります。

③ 「残業さえなければ、今の仕事に不満はないんだけどなあ。」という発話の「不満はない」の部分だけ聞き取っていては「実は不満に思っている」ということがわかりません。「～さえなければ…なんだけどなあ」は「～があるから…なのだ」という意味であることを確認してください。

④ 「別の会社に入ったほうがよかったかもしれないなあって思ってるんです。」と言っているので、「別の会社に入らなかった」ことを後悔しています。

⑤ 「雰囲気はけっこういい」「みんな親切」ということばから満足していると考えられます。

⑥ 「もっと上げてくれって言いたいよ。」は、今の給料を「安い」と思っている発話ですから、不満に思っていると判断できます。

⑦ 「あの時、会社を辞めないでおいて、本当によかった。」は「やめなかった」ことについて「よかった」と思っています。したがって、これは満足していることの表明になります。

⑧ 「文句のつけようがない」「やりがいもある」「給料も悪くない」と言っているので満足していると判断できます。

■重要表現のポイント

ここでは、「状況について満足していることを述べる」「不満を述べる」「後悔していることを伝える」という3つの機能を取り上げます。

状況について満足していることを述べる

1) 今の状況について満足していることを述べるときには、以下のような表現を使います。

例　～（に）は文句はない／文句なし

　　～（に）は言うこと（が）ない／言うことなし

　　～（に）は恵まれている

　　～てうれしい／よかった／ありがたい

　　～てくれる／いただいている　など

2) 日本社会では、職場での昇進や大学受験合格など、自分や身内に起こったよいことについて満足していることを、あからさまに言ったり褒めたりすることは、自慢していると受け取られる可能性があります。そのため、特に、公的な場や目上の人に対しては、そのような発言を自分からすることは控える傾向があります。自分や身内に起こったよい出来事について目上の人が言及してくれた場合は、それを受けて自分も満足していることを伝えるのがいいでしょう。

3) あえて自分から、自分や身内に起こったよいことについて満足していることを言う場合、事実を述べたあと、以下のように言うと自慢げには聞こえにくくなります。学習者の母語や文化では、自分や身内に起こったよいことをどのように相手に話すのか、日本語の場合と比較してみるといいでしょう。

　　▶謙遜する
　　例　まだまだです。
　　　　運がよかったんです。
　　　　まぐれですよ。　など

　　▶感謝する
　　例　本当にありがたいです。
　　　　感謝しなくちゃ。　など

　　▶断定を避ける
　　例　「～な」「～かな」「～かも」　など

4) 不満な点はあるが、それなりに満足していることを表すときには、「悪く（は）ない」「まずまず」「まあまあ」といった言葉がよく使われます。さらに詳しく述べたい場合には、次のような表現を使うこともできます。いずれも、前半では不満な点を挙げ、後半で肯定的な評価をしています。
　　例　～っちゃ～んですけど、…
　　　　～ことは～んですけど、それほど…ない
　　　　～もあるにはあるんだけど、そんなに…ない
　　　　～って言ってもたいしたことない
　　　　～かと言えば、ま、そうなんですけど、言うほど／それほど…ない　など

《次のような場合はどう言いますか》
　ここでは、相手との人間関係によって、自分が満足していることをどこまで直接的に表現するか、また、満足の度合いによって表現を使い分けることができるかどうかを確認します。単に、👕と🎐の使い分けだけでなく、どういった状況や相手に対し、どのように言えばいいかクラスで話し合ってみるとよいでしょう。さらに、余裕があれば、現状に満足していると言った相手に対してどのように応答すればいいか、考えさせてください。

　下の解答は一例です。学習者が考えた表現について、適当かどうかだけでなく、なぜその表現を使ったかについても確認するようにしてください。学習者の言語や文化による違いについても注目して話し合うとよいでしょう。

[解答例]

① 時給 1500 円だし、文句なしってとこかな。／店長がすっごく感じのいい人で、職場の雰囲気もよくてさ、言うことないよ。

② 大変っちゃ大変だけど、最近は責任のある仕事を任してもらえるようになってきて、だんだんやりがいも感じられるようになってきたかな。／大変なことは大変だけど、それほどでもないかな。残業はあるけど、用事があるときは帰らせてくれるし。

③ うちは休みは取りやすいほうだと思いますよ。バイトの数が多いから、一人一人の都合とかもけっこう聞いてくれるんです。／取りやすいことは取りやすいんですけど、けっこう早めに言っとかなきゃだめですね。

④ わたし、まだ仕事が覚えられなくてミスばっかりしちゃうんですけど、みんな優しくて、ありがたいなって思ってます。／前のとこより残業は多いんですけど、多いって言ってもたいしたことないです。遅い時でも、8 時ごろには帰れるんで。

不満を述べる

1) 不満を抱いている相手に直接そのことを言う場合は文句・苦情(第 6 課)になりますが、この課では、不満に思っていることを、当事者ではなく第三者に話す場合の表現について取り上げています。物事に対して不満を抱くという感情はだれにでも起こるものですが、それを第三者に述べるかどうかについては、個人や文化による違いがあり、また社会的な許容の度合いも異なります。したがって、練習の際には、何についてどの程度不満を述べるかについて、学習者が自分で選択できるような配慮が必要です。教科書に挙げている表現は、不満の内容を直接的に述べる表現から、不満を間接的に示す表現の順になっています。

2) 自分の感情や置かれている状況を相手に話すとき、私たちは相手に理解してもらいたい、自分の気持ちをわかってほしいと思います。その場合、「〜んだよね」「〜んですけどね」のように、文末に「よね」「ね」などの終助詞を伴うことにより、相手に対して理解や共感を求める気持ちを表すことができます。

3) 第三者のような、直接利害関係のない相手に不満を述べる場合は、「部長って最悪」のように、不満や不平をはっきり言うこともあります。

4) 不満をはっきり言いたくない場合は、以下のように、満足している点(残業がない)だけを述べて逆接の「〜けど」で言い終わると、他のことに対しては不満を抱いているということを暗に伝えることができます。

例　残業はないんですけど。

　　残業だけはあまりないんですけど。

　　残業がないことには不満はないんですけど。　　など

5) 何が理由で満足できないかを明示的に述べる場合は、次のように言うことができます。

例　残業さえなければ、いいんですけど。

　　残業さえなければ、文句（は）ないんですけど。

　　残業さえなかったら、何も不満はないんですけど。　　など

《次のような場合はどう言いますか》

　ここでは、相手との人間関係によって、不満をはっきり述べる場合と、そうでない場合でどのような表現を使い分ければよいかを確認します。👕と👔の使い分けだけでなく、相手によってどのような内容のことをどこまで言うかについてもクラスで意見を出し合ってみてください。

　下の解答は一例です。学習者が考えた表現について、適当かどうかだけでなく、なぜその表現を使ったかについても確認するようにしてください。また、学習者間に見られる表現や不満の内容の違いについても着目するとよいでしょう。

［解答例］

① ＜不満な点をはっきり言う＞　壁が薄くて隣の人の声がけっこう聞こえちゃうんだよね。／すっごい家賃高いのに、エレベーターがしょっちゅう故障するんだよね。

　＜不満な点をはっきり言わない＞　まあまあかな。駅から近いのだけはいいんだけどね。／新しくてきれいなことには満足してるんだけどね。

② ＜不満な点をはっきり言う＞　あそこまで細かくなければ、もうちょっと職場の雰囲気もよくなるのにって思います。／自分はけっこう雑なのに、バイトのすることにはけっこううるさいですよね。

　＜不満な点をはっきり言わない＞　シフトとか、いつも早く決めてくれるのには満足してるんですけどね。／経営の能力はすごいと思うんですけどね。

後悔していることを伝える

1) 自分の行った、あるいは行わなかったことについて後悔していることを伝える場合には、次のような表現があります。

▶行ったことを後悔している場合

例　👕〜しない／〜しなかったほうがよかったかなって（思ってて）

　　👕〜しない／〜しなかったほうがよかったかもしれない

▶行わなかったことを後悔している場合

例　（もっと）〜すれば／〜ておけばよかったって思ってるんだ

～する／～しておくべきだったなって（思ってて）

～したほうがよかったかなって（思ってて）

～したほうがよかったかもしれない

～し（ておか）なかったのは、まずかった／失敗だったよね？／かなって

～し（ておか）なかったことは、後悔／反省してるんだ

2）一方、相手が行った、あるいは行わなかったことを悔やむ場合には、次のような表現があります。

▶行ったことを悔やむ場合

例　～なければよかったんじゃない？

　　～しない／～しなかったほうがよかったかもしれないね　など

▶行わなかったことを悔やむ場合

例　（もっと）～すれば／～ておけば よかったんじゃない？

　　～する／～しておくべきだったんじゃないかなあ

　　～する／～しておくべきだったと思いますよ

　　～したほうが／～したらよかったかもしれないね／んじゃないかな

　　～し（ておか）なかったのは、まずかった／失敗だったかもね

　　～し（ておか）なかったのは、まずかった／失敗でしたね　など

3）「あの仕事、続ければよかったのに」のような「～のに」を使った表現は、相手がすでに後悔したり、反省したりしていた場合、追い打ちをかけることになり、不快な思いをさせたり、相手を傷つけたりする恐れがあります。

《次のような場合はどう言いますか》

　ここでは、①～③は自分のことについて、④は相手のことについて、後悔や悔やむ気持ちを述べる練習をします。相手との人間関係と、事の深刻さによって、自分の気持ちをどう伝えればいいかを考えてみましょう。特に、②と③は仕事のことで相手に迷惑をかけていますから、自分の非を述べるにあたり、責任転嫁や言い訳に取られないように発話内容と言い方を考える必要があります。また、④は、プレゼンがうまくいかなかったことで落ち込んでいる相手に対し、その気持ちをさらに悪化させないためには何をどのように言えばよいか、クラスで考えてみるとよいでしょう。

　下の解答は一例です。学習者が考えた表現について、適切かどうかだけでなく、なぜその表現を使ったのかについても考えさせるようにしてください。

[解答例]

①　ちゃんと直接言っておくべきだったなあ。／ちゃんと自分の口から言わなかったのは、まず

かったかなあ。

② すぐに店長にご報告すればよかったです。／すぐご報告すべきでした。

③ 何らかの方法でご連絡すべきだったと反省しています。／もっと余裕を持って、伺うべきでした。

④ それならそうと言ってくれればよかった(のに)。／そういう時は相談してくれればいい(のに)。

■ロールプレイのポイント

　感想を述べるときには、思っていることをそのままストレートに伝えることをよしとする価値観や文化もあるでしょうが、同時に、そうすることによって誤解や摩擦が生じかねないことにも注意してください。

　日本の文化では、「自分が思っていることをそのまま言う」ことよりも、「相手が聞きたいであろうことを言う」「自分や身内のことをあからさまに自慢しない」「不満をストレートに述べない」などの配慮を言語的に行うことが大切にされている面があります。日本語母語話者のこのようなコミュニケーションのやり方について、「思っていることをそのままストレートに伝えないのはおかしい」「身内だからといって、褒めないのは理解できない」と思っている学習者もいるようですが、そのような学習者には、このようなコミュニケーションは相手に対する配慮の表れであることを伝えるといいでしょう。当然ながら、日本語母語話者の中でも個人差や世代差などが見られるため、実際の言語使用の実態を注意深く観察しながら、どのような場面で何をどう言うのが適切かをクラスでディスカッションしながら進めるとよいでしょう。

【音声を活用した会話練習例】

・聞き取り練習Ⅰを活用して、相手との良好な人間関係を保ちながら、自分の感想の述べ方を変えてロールプレイ練習をすることができます。

・聞き取り練習Ⅰスキット①(track 111)は、転職をした友人との会話で、その転職先の状況について話をしています。スキットでは、全面的に満足していると述べていますが、大方は満足しているが不満な点もあると述べたり、全面的に不満であると述べたりする会話に発展させることができます。

・聞き取り練習Ⅰスキット③(track 114)は、人事部から営業部に異動になった部下に対し、上司が話しかけている場面です。スキットでは、大変なこともあるにはあるがほぼ満足していると述べています。仕事について上司と話をする場面なので、仕事に不満があってもストレートに述べないことが多いです。話す内容や表現に気をつけて話を発展させてください。

【その他のロールプレイタスクの例】

　※ロールプレイは、学習者が実際に遭遇する場面を想定して、設定してください。

・(友人に)今やっているアルバイトについて、満足している点と不満な点について話す。

・（友人に）別の友人についての愚痴を言う。

・（友人に）あなたの住んでいるところ（家、アパート、寮など）について、満足しているところと不満なところについて述べる。

・（友人に）勉強（毎日の生活）の大変さについて不満を述べる。

・（友人に）あなたの通っている学校（塾、医者、スポーツジム、美容院など）について感想を聞かれた。満足している場合と不満な場合について答える。

・（友人に）あなたは期末試験のための勉強を早くから始めなかったので、試験の日までに準備が終わりそうにない。そのことを後悔していることを述べる。

・（友人に）数人のグループでキャンプに行く計画を立てたが、その場にいなかったＡさんの都合を聞かないで日にちを決めてしまったためＡさんが気分を害していると別の友人から聞いた。そのことを後悔していることを述べる。

・（近所の人に）大家さんについて不満を述べる。相手は親しくて信用できる人なのか、それとも、あまり親しくない人なのかによって話す内容や言い方をどのように変えるか考える。

・（近所の人に）近隣の別の住人についての愚痴を言う。相手が別の人に話すかもしれないので、控えめな内容にする。

・（上司に）仕事について、満足している点と不満な点について感想を述べる。

・（職場の先輩に）取引先から受け取った重要な書類を間違ってシュレッダーにかけてしまい、後悔していることを述べる。

・（アルバイトの先輩に）明日休みたいことを店長に言ったら、早めに言ってもらわないと困ると叱られ、休みは取らせてもらえなかった。そのことを後悔していることを述べる。

　ロールプレイに慣れていない学習者の場合、既出のモデル会話の流れをそのまま使い、キーワードだけを変えていく「シナリオ暗記」的な練習になってしまうことが多いようです。ロールプレイに慣れていない学習者には、下の「ロールプレイ準備シート」を用いて、ロールプレイタスクについて、ペアの学生と共に、設定を確認し、どのように話を進めるのか考えさせるとよいでしょう。

　２人でペアになり、ロールプレイタスクについて下の内容を相談して決めてください。そして、どのように話を進めればよいか２人で準備してから、ロールプレイをしましょう。

> **例**　あなたがしている仕事（または、行っている美容院や歯医者、スポーツジムなど）について、それに興味を持っている人から、感想を聞かれました。あなたの感想を話してください。ただし、その人とはそれほど親しくありません。

話す場所	職場
誰が誰に？	同僚（ジェシカ）➡ 同僚（ライライ）
人間関係	二人は職場の同僚だが、必要のある時に仕事の話をするだけで、プライベートなことはお互い話したことがない。
感想を聞きたい背景	ジェシカは今自分が通っている美容院の美容師があまり好きではないので、美容院を変えたいと思っている。常々ライライの髪型が素敵だと思っていたので、ライライの通っている美容院について知りたい。
感想内容	・美容院は、自分のうちの近くにある小さな店で、昔から行っている。おしゃれな所ではないが、値段が高くなく、自分の髪質や好みなどをよくわかってくれているので、自分は気に入っている。 ・美容師は二人しかいないので、予約が取りにくく、新しい客はあまり取らないらしいと聞いている。
使う表現	【満足していることを述べる（ジェシカ）】 ・値段が安くて気に入っています。 ・私の髪のこと、よくわかってくれてるのでありがたいんですよ。 【不満を述べる（ライライ）】 ・予約は取りにくいんですけどね。
会話で工夫すること	・感想を詳しく聞かれた場合、あまり詳しいことは言いたくないので、相手が気分を害さないように応じる。 ・紹介してほしいと言われた場合は、うまく断る。

■ 練　習 ―もういっぱい―  ※ 練習シート＝ p.140

　「練習―もういっぱい―」は、スキットの語彙の使い方や重要表現の理解を確認するための練習問題です。シートをコピーして、宿題として使うこともできます。

[解答]

[1] ①まいる　②偉そうな　③言えない　④文句なし　⑤には　⑥くる

[2] ① よくなかったこと
　　② 大変なこと

③ やることが楽しい、やることに意義を感じること

④ 収入が一定していて、長く勤めることができる仕事

⑤ 正しい／いい選択だったこと

⑥ 自分を取り巻く状況が好ましく、幸せだと思える状態にいること

[3]（解答例）

① 大変っちゃ大変なんだけど、お客さんがすごく喜んでくれるときもあって、そういうときは
この仕事に決めてよかったって思うよ。／お客さんがうるさいって言ってもたいしたことな
いよ。説明して理解してもらうのに時間がかかるときはあるけどね。

② 前の人とやり方が違いすぎて、まだみんな慣れなくてきついですね。／細かいことはあんまり
言わないんですけどね、でも、大事なこともちゃんと言ってくれないんですよ。

③ 草野：何でもいいから、言えばよかったなあ。友人：そうだね。何にも言わないってのは、ま
ずかったかもね。／草野：何か言ったほうがよかったかもしんない。友人：かもね。そういう時っ
て、一言でもあったらよかったんじゃないかな。

（解説）①不満はあるが、だいたいにおいて満足していることを述べる、②不満を述べる、③後
悔していることを伝える、後悔している相手に対して言葉をかける、という練習です。①では、
不満な点と満足している点を述べる際にどう言うかによって、不満はあるが満足しているのか、
それとも、満足しているがどちらかと言うと不満であるのか、相手に伝わる印象が変わってきま
す。満足していることと不満なことをどの順番でどう言うか注意しましょう。②は、仕事の間柄
の友人に愚痴を言うという状況ですが、相手は職場の取引先であるため、万が一自分の話が他の
人に漏れても問題がないように、話す内容は、社外の人に知られても差し障りのないものかどう
か配慮が必要です。③は、自分のしたことを悔いている相手がさらに落ち込むような内容ではな
く、友人としてどんなことを言うのが適当か考えてみてください。

話す場所（ばしょ）	
誰が誰に伝言を残したいのか？（だれ だれ でんごん のこ）	
人間関係と状況（にんげんかんけい じょうきょう）	
伝言内容（でんごんないよう）	
状況説明は複雑？（じょうきょうせつめい ふくざつ）	
使う表現（ひょうげん）	【電話に出られないことを伝える（つた）】　【伝言を申し出る（でんごん もう）】　【伝言を頼む（でんごん たの）】
会話で工夫すること（くふう）	

[1] 正しいほうを選んでください。

① 質問がありましたら、どうか（遠慮なく・心配せずに）お尋ねください。

② 忘れるといけないので、（記録に・念のため）メモを取っておきます。

③ 申し訳ないという気持ちを示すために、（完全に・ちゃんと）謝らないといけません。

④ （あいにく・残念で）、その日は用事が入っていまして…。

⑤ 昨日から、夫に連絡が（つかない・届かない）んです。

⑥ （近いうちに・最近）また、連絡します。

[2] 下線部の意味を説明してください。

① 木村さんは、<u>外回り</u>からまだ戻ってきていない。

② 頭が痛かったので、<u>市販薬</u>を飲んだ。

③ 授業の<u>配布物</u>をファイリングする。

④ <u>まじで</u>、むかついた。

⑤ <u>呼出音</u>が何度も鳴ったが、誰も電話を取らなかった。

⑥ 木村が戻ってきたら、<u>折り返し</u>電話をするように言っておきます。

[3] 会話を完成させてください。①②③のいずれも、どう返答すればいいかを考えて、うまく会話を完成させましょう。ここでは伝言を頼まれた時の返答の仕方について練習します。①②は、電話での伝言場面で、③は対面での伝言場面です。

① 二人は別の会社の人同士です。竹下さんは、電車が事故で止まってしまって、会議に遅れそうです。

竹下：では、申し訳ありませんが、根本さんに、会議に 15 分ほど遅れてしまいます、とお伝えいただけますでしょうか。

川上：a)＿＿＿＿＿＿＿＿＿＿＿＿＿＿＿＿＿＿＿＿＿＿＿＿＿＿＿＿＿＿＿。

竹下：b)＿＿＿＿＿＿＿＿＿＿＿＿＿＿＿＿＿＿＿＿＿＿＿＿＿＿＿＿＿＿＿。

② 職場の同僚同士の会話です。

木村：申し訳ないんだけど、腰痛がひどくて病院に行くので、今日休ませていただきますって、部長に伝えてもらえませんか。

橋本：えっ？　大丈夫ですか。

木村：ええ、まあ。

橋本：a)＿＿＿＿＿＿＿＿＿＿＿＿＿＿＿＿＿＿＿＿＿＿＿＿＿＿＿＿＿＿＿。

木村：b)＿＿＿＿＿＿＿＿＿＿＿＿＿＿＿＿＿＿＿＿＿＿＿＿＿＿＿＿＿＿＿。

③　二人は男子学生で同じ部活の部員です。

山本：な、今日の部活なんだけどさ。

武田：うん。

山本：部長に、今日、歯医者に行かなきゃいけないから、休むって伝えてもらえる？

武田：a)＿＿＿。

山本：b)＿＿＿。

Lesson 2 ロールプレイ準備シート

話す場所 ばしょ	
誰が誰に？ だれ　だれ	
人間関係と状 況 にんげんかんけい　じょうきょう	
誘いたいこと さそ	
誘いを受けてもらうのは難い？ さそ　　う　　　　　むずか 簡単？ かんたん	
誘いを受ける？断る？ さそ　　う　　　ことわ	
使う表現 ひょうげん	【誘う人】 さそ 【誘われる人】 さそ
会話で工夫すること く　ふう	

[1]　正しいほうを選んでください。

①　山田さんには（適当に・無理に）断っておいてくれない？

②　（気が合わなかったら・気が進まなかったら）無理にとは言わないけど、よかったら、一度来てみない？

③　わかっていれば、（そのつもりにしていた・そのはずだった）んですけど。今からは、難しいですね。

④　日曜日一緒に映画、（いかがですか・参加しませんか）。

⑤　月曜日まで（考えさせて・考えて）くれませんか。

⑥　スケジュールを（調整・予定）してみますので、返事、少し待ってもらえますか。

[2]　下線部の意味を説明してください。

①　彼女の料理は本格的です。

②　気が向いたら、いらしてください。

③　来週の週末なら、山田さんのご都合に合わせられるんですが。

④　長すぎるので、単語の頭文字をとって名前をつけた。

⑤　彼は仕事のあとにしょっちゅう飲みに行っている。

⑥　行きたくなかったけれど、上司からの誘いなので、しぶしぶ承諾した。

[3]　会話を完成させてください。①②のいずれも、どう返答すれば相手が気分を害さないかを考えて、うまく会話を続けてみましょう。

①　二人は男性同士で友人です。

山下：な、駅前に最近できたそば屋、うまいってうわさなんだけど、昼に行ってみない？

武田：悪い。今日は弁当持って来てて。

山下：あ、そうなんだ。a)＿＿＿＿＿＿＿＿＿＿＿＿＿＿＿＿＿＿＿＿＿＿＿＿＿＿＿＿＿＿。

武田：うん、悪いなあ。b)＿＿＿＿＿＿＿＿＿＿＿＿＿＿＿＿＿＿＿＿＿＿＿＿＿＿＿＿＿。

山下：うん、わかった。

②　二人は会社の上司（部長）と部下です。自宅のパーティーに部長を誘います。

山田：再来週の日曜なんですが、うちでパーティーをしようって思ってまして。ご家族のみなさんといっしょにいらっしゃいませんか。

部長：a)＿＿＿＿＿＿＿＿＿＿＿＿＿＿＿＿＿＿＿＿＿＿＿＿＿＿＿＿。

　　　再来週の日曜ですね、家族に聞いてみるので、返事、月曜ぐらいまでちょっと待ってもら

　　えますか。

山田：b)＿＿＿＿＿＿＿＿＿＿＿＿＿＿＿＿＿＿＿＿＿＿＿＿＿＿＿＿＿＿。

③　二人は会社の同僚です。別の同僚の歓迎会に誘います。

竹下：次の金曜日なんですが、崎山さんの歓迎会を開こうって計画してるんですよ。

山本：金曜ですか。ちょっと用事が入ってまして。

　　　すみません、別の日なら、a)＿＿＿＿＿＿＿＿＿＿＿＿＿＿＿＿＿＿＿＿。

竹下：すみません、崎山さんが忙しいようで、金曜しか空いてないらしくて。

山本：そうなんですね。じゃ、b)＿＿＿＿＿＿＿＿＿＿＿＿＿＿＿＿＿＿＿。

竹下：c)＿＿＿＿＿＿＿＿＿＿＿＿＿＿＿＿＿＿＿＿＿＿＿＿＿＿＿＿＿＿。

話す場所 ばしょ	
誰が誰に？ だれ　だれ	
人間関係 にんげんかんけい	
許可を求めること きょか　もと	
許可を得るのは難しい？簡単？ きょか　え　むずか　かんたん	
使う表現 ひょうげん	【許可を求める人】 きょか　もと 【許可を与える人】 あた
会話で工夫すること くふう	

[1]　正しいほうを選んでください。

①　もう一度家族と相談してから（あらたまって・あらためて）お返事します。

②　ふだん敬語を使わないような木村さんが（あらたまって・あらためて）推薦状を書いてほしいと頼みに来た。

③　本当はいやだったんだけど、何回も頼まれたから、（しぶしぶ・どうしても）オーケーした。

④　あんなことを言うなんて、（まったく・ぜんぜん）失礼なやつだ。

⑤　あのレストランはミシュランの３つ星だから、おいしいに（決まっている・決めている）。

⑥　次に買うパソコンは、軽いものに（決まっている・決めている）。

[2]　下線部の意味を説明してください。

①　写真は個人が特定できないようにしてネットに上げてください。

②　インターネットに写真をアップしたいときには、肖像権について確認しなければならない。

③　Ａ大学に行きたいんだったら、勉強に身を入れなければ、難しいですよ。

④　こんな夜遅くに電話をかけるなんて、常識はずれじゃないですか。

⑤　弟の運転はあらいので、安心して横に座っていられないんです。

[3]　会話を完成させてください。重要表現では、許可を与える人が条件を述べる練習をしましたが、ここでは許可を求める人が条件を述べてみてください。自分の都合を相手に押し付けているような印象を与えないような発話を考えましょう。

①　今日ペンさんは学校に荷物を持ってきましたが、多すぎてロッカーに全部入りません。クラスメートのメロディさんのロッカーに自分の荷物を少し入れさせてもらえないかと思っています。

ペン：ね、メロディのロッカーって少しスペースある？

メロディ：うん、ないこともないけど。どうして？

ペン：今日、来週の発表で使う物をいろいろ持ってきたんだけど、僕のロッカーに全部入らなくて。少し入れさせてもらえないかな。

メロディ：う…ん。どのくらいあるの？

ペン：大きなバッグが２つあって、自分のところには１つしか入らないんだ。

　　　　____。

メロディ：うん、わかった。それなら、いいよ。

② 有村さんは今日引っ越しです。運び出す家具をアパートの廊下に出しておきたいと思っていますが、
　隣の人の迷惑になるかもしれないので心配しています。

有村：あの、すみません。今日、引っ越しなんですけど、廊下に少し荷物を置いておいてもかま

　　　わないでしょうか。

隣の人：あ、は…い…。

有村：あの、＿＿＿＿＿＿＿＿＿＿＿＿＿＿＿＿＿＿＿＿＿＿＿＿＿＿＿＿＿＿＿＿＿＿＿。

隣の人：はい、わかりました。

③ シュミットさんはたくさんの資料を広げて見るために、会議室を使って仕事がしたいと思っていま
　すが、今、会議室では同僚のサンダースさんが何かしています。

シュミット：あの、すみません、サンダースさん、この会議室、いつまで使われます？

サンダース：あ、あと1時間ぐらいしたらここで取引先と打ち合わせなんですよ。それで、モニ

　　　　　ターとかのテストをしていて。

シュミット：あ、そうなんですね。あの、実は、資料の紙をたくさん広げて見るスペースがほし

　　　　　くて。大きいテーブル、少し使わせてもらうわけにはいきませんか。

サンダース：ああ……。

シュミット：＿＿＿＿＿＿＿＿＿＿＿＿＿＿＿＿＿＿＿＿＿＿＿＿＿＿＿＿＿＿＿＿＿＿＿＿＿。

　　　サンダース：わかりました。じゃ、打ち合わせは3時からなんで、3時に使えるようにし

　　　てもらえるならいいですよ。どうぞ。

シュミット：はい、わかりました。ありがとうございます。

Lesson 4 ロールプレイ準備シート

話す場所（ばしょ）	
誰が誰に？（だれ だれ）	
人間関係（にんげんかんけい）	
情報内容（じょうほうないよう）	
相手に伝える情報に確信がある？（あいて つた じょうほう かくしん）　あまりない？	
使う表現（ひょうげん）	【他から得た情報を伝える】（ほか え じょうほう つた） 【自分で判断したことを伝える】（はんだん つた）
会話で工夫すること（く ふう）	

[1] 正しいほうを選んでください。

① （ひょっとしたら・確かに）、山田さん、来ないかもしれませんね。昨日、頭が痛いって言ってましたから。

② 昨日、来るって言ってたから、木村君、今日の打ち合わせには、きっと来る（はずだ・かも）よ。

③ 天気、悪いし、今日のサッカー、人が（集まらない・集まる）んじゃないかなあ。

④ ニュースでは、今日は、雪が降る（って言ってましたよ・らしいですよ）。

⑤ 田村さん、財布を忘れた（とかなんとかで・なんか）、遅れるって聞きましたよ。

⑥ 絶対に、この道は、ラッシュアワーの時間、渋滞する（と思いますよ・かもしれません）。

[2] 下線部の意味を説明してください。

① この電車は、朝の時間帯は、よくダイヤが乱れます。

② ここから、京都駅まで、一本ではいけなくて、2回乗り継がなくてはいけません。

③ この道は、3キロほど行くと、一車線になって、その先は、通行止めですよ。

④ 待ち合わせの時間を、30分後ろにずらしてもらえますか。

⑤ 大型の台風が接近中ですので、窓をしっかり閉めてください。

⑥ バスタブから水があふれていたのに、30分も気づかなかった。

[3] 会話を完成させてください。①は、他から得た情報を伝えてください。②は、自分が伝える情報が確かな情報であることを示してください。③では、反対に、不確かな情報であることを示してください。いずれも、相手との関係に気をつけて会話を完成させましょう。

① 美咲さんは、親しい友人である真衣さんと、日曜日にハイキングに行く計画を立てています。ネットで調べた天気予報では、土曜は晴れで、日曜の降水確率は80％となっています。

美咲：日曜日のハイキングだけどさ、天気予報で調べてみたら、

____。

真衣：そうなんだ。どうしよう。土曜日、予定入ってなかったら、そっちにする？

美咲：うーん、土曜は、別の約束が入ってて、難しいんだよね。

② あなたは、駅から自宅までの帰り道、タクシーに乗っています。タクシーの運転手が、信号の先の道を、右方向に曲がろうとしていますが、あなたはそちらの道は、その時間、よく渋滞するのを知っています。

あなた：あー、すみません。その信号の先なんですけど、右じゃなくて、まっすぐ行っていただけますか。この時間、よく渋滞するから、_______________________________________

_______________________________________。

タクシー運転手：あ、そうなんですか。わかりました。

③ あなたは近所の鈴木さんと話をしています。近くの建物の2階に空いているスペースがあって、そこにスポーツジムが入るという話を、知り合いから聞きました。

あなた：あそこの屋根の青い建物の2階、空いてますよね。

　　。

近所の人：そうなんですか。それ、初耳です。

あなた：私も、つい先日、知り合いから聞いたばかりなんですけどね。

話す場所 ばしょ	
誰が誰に？ だれ　だれ	
人間関係と状 況 にんげんかんけい　じょうきょう	
依頼したいこと いらい	
依頼を引き受けてもらうのは難 いらい　ひ　う　むずか しい？　簡単？ かんたん	
使う表現 ひょうげん	【依頼する人】 いらい 【依頼される人】 いらい
会話で工夫すること く ふう	

[1] 正しいほうを選んでください。

① あしたまでだけでもいいんだけど、（なんとか・どうしても）無理かな。

② あの、ちょっと（頼みにくいこと・無理なこと）なんですけど…。

③ 自転車、使わせてくれて（助かった・恩にきた）よ。

④ 頼める人は（いない・いないわけじゃない）んですけど、みんな忙しいので頼みにくくて。

⑤ 先生、推薦状を書いてくださって（ありがとうございました・ありがたいです）。

⑥ 課長、今日少し早く上がらせてもらえると（ありがとうございます・ありがたいんですが）。

[2] 下線部の意味を説明してください。

① その棚ぐらぐらしてて危ないから、お父さんが直してくれるまで上に物置いちゃだめよ。

② 駅からはバスもなくて足がないので、レンタカーで行った方が楽かも。

③ 旅行は楽しかったんですけど、最終日に食べた物にあたったみたいで、帰りの飛行機が大変だったんですよ。

④ お皿を洗う時は、水道の水を流しっぱなしにしないこと。

⑤ この店、三つ星なのに、サービスいまいちだよね。

⑥ 入社一年目から仕事がてきぱきできる人なんて珍しいですよ。

[3] 会話を完成させてください。①と②は困っている相手の気持ちを考えて何か言ってください。③はどう言えば先生が依頼を引き受けてくれるか考えてください。

① 二人は同じ店でアルバイトをしていますが、二人のシフトは異なります。

後藤：な、宮田、あしたのバイト、代わってくれないかな？　今度、宮田が都合悪いとき、代わりに入るからさ。

宮田：悪い。実は俺、あした夕方歯医者の予約入ってんだ。

後藤：あ、そうなんだ…困ったなあ。どうしよっかな。

宮田：＿＿＿＿＿＿＿＿＿＿＿＿＿＿＿＿＿＿＿＿＿＿＿＿＿＿＿＿＿＿＿＿＿＿＿＿＿＿。

② 二人はアルバイト仲間です。今仕事中です。

村山：加藤さん、ちょっといいですか。

加藤：ええ…。

村山：あの、店長に新しいメニューのデザイン考えてほしいって言われたんですけど、今日、バイト終わってからいっしょに考えてもらえませんか。私、こういうの苦手で。

加藤：デザイン？　無理無理。わたしも、そういうの全然だめ。

村山：えー。そんなこと言わないで助けてくださいよ。

加藤：＿＿＿＿＿＿＿＿＿＿＿＿＿＿＿＿＿＿＿＿＿＿＿＿＿＿＿＿＿＿＿＿＿＿＿＿。

③ 学生（ボー）が先生の研究室をたずねています。

ボー：先生、今ちょっとお時間よろしいですか。

先生：あ、何？　ごめん、今から会議なんだけど。

ボー：すみません。あの、夏にインターンシップをしたいんですけど、推薦状を書いていただけ
　　　ませんか。

先生：推薦状？　いつまで？

ボー：実は、明日までなんですけど。

先生：あした？　あしたっていうのはちょっときついですね。今から会議で、ボーさんの話を聞
　　　く時間もないですし。

ボー：＿＿＿＿＿＿＿＿＿＿＿＿＿＿＿＿＿＿＿＿＿＿＿＿＿＿＿＿＿＿＿＿＿＿＿＿。

Lesson 6 ロールプレイ準備シート

話す場所（ばしょ）	
誰が誰に？（だれ　だれ）	
人間関係と状況（にんげんかんけい　じょうきょう）	
伝えたいこと（つた）	
状況に対して対応してもらえる（じょうきょう　たい　たいおう）かどうか	
文句や苦情を言われた側の対応（もんく　くじょう　がわ　たいおう）方法（ほうほう）	
使う表現（ひょうげん）	【文句や苦情を伝える人】（もんく　くじょう　つた）　　　　【文句や苦情を受ける人】（もんく　くじょう　う）
会話で工夫すること（く ふう）	

[1] 正しいほうを選んでください。

① また間違っていますよ。（いったい・絶対）どういうことなんでしょうか。

② すみません。締め切りまでに、（なんか・なんとか）します。

③ わたしたちの上司は、とても小さな間違いを（いちいち・むちゃくちゃ）言ってきます。

④ せっかくの楽しいパーティーだったのに、文句を言う人がいて、パーティーを、台無しに（して・なって）しまいました。

⑤ 旅行先で、スリに（かかって・あって）しまいました。

⑥ 彼は年下なのに、態度が（でかい・細かい）ので、自分より年上の人から人気がない。

[2] 下線部の意味を説明してください。

① このシャワーのお湯の出が悪い。

② 旅先では、物を盗まれないように用心してください。

③ この切符、払い戻しできますか。

④ これは控えです。商品を受け取るときに、お持ち下さい。

⑤ 車をぶつけられたけれど、けがはなくて、不幸中の幸いだった。

⑥ 公園には、子連れの人が多かった。

[3] 会話を完成させてください。どう言えば自分の気持が伝わるか考えて、会話を続けてみましょう。

① 二人は男性同士で友人です。貸していた漫画の表紙がずいぶん汚れています。

山下：漫画、ありがとう。長く借りてて悪かったな。

武田：いや、それはいいんだけど。ちょっと、この表紙、汚れてるよね。

　　　　貸したときは、a)＿＿＿＿＿＿＿＿＿＿＿＿＿＿＿＿＿＿＿＿＿＿。

山下：わあ、ごめん、ごめん。ほんと、ごめん。

武田：b)＿＿＿＿＿＿＿＿＿＿＿＿＿＿＿＿＿＿＿＿＿＿＿＿＿＿＿。

山下：ほんとごめん。次は絶対気をつけるから。

② 二人は会社の上司（部長）と部下です。

山田：昨日締切のレポートですが、すみません。あと2、3時間どうしてもかかりそうなんです。

部長：山田さん、a)＿＿＿＿＿＿＿＿＿＿＿＿＿＿＿＿＿＿＿＿。

山田：すみません。今度からもっと計画的に進めます。

部長：次からは、b)＿＿＿＿＿＿＿＿＿＿＿＿＿＿＿＿＿＿＿＿。

山田：わかりました。

③ 宿泊客とホテルの人との会話です。ホテル内の工事の音がうるさいです。

客：すみません、廊下の工事の音がうるさくて。もう、夜の 10 時なんですけど。

ホテルの人：すみません。確認致します。

・・・・

客：すみません、さきほど工事の音についてお電話したんですが、まだうるさくて、眠れないん
　　ですけど。a)＿＿＿＿＿＿＿＿＿＿＿＿＿＿＿＿＿＿＿＿＿＿＿＿＿＿＿＿＿。

ホテルの人：申し訳ありません。工事を止めるように致します。

客：b)＿＿＿＿＿＿＿＿＿＿＿＿＿＿＿＿＿＿＿＿＿＿＿＿＿＿。お願いします。

話す場所 ばしょ	
誰が誰に？ だれ　だれ	
人間関係 にんげんかんけい	
提案内容 ていあんないよう	
提案を引き受けてもらうのは難 ていあん　ひ　う　むずか しい？　簡単？ かんたん	
使う表現 ひょうげん	【提案を述べる】 ていあん　の 【提案に反対する】【代案を提示する】 ていあん　はんたい　だいあん　ていじ
会話で工夫すること く　ふう	

[1] 正しいほうを選んでください。

① A：旅行の日の待ち合わせ場所だけど、JR の大阪駅（にしたら・っていうのは）？

　 B：あ、うん、いいんじゃない？

② A：この動画に、日本語と英語の字幕を入れるのは（どうか・どうかな）って思って。

　 B：うん…、字幕は、日本語と英語二つあってもいいけど、どっちか一つでもよくない？

③ A：打ち上げの会費、3000 円にします？

　 B：ええ、私は（問題ない・問題じゃない）と思いますけど。

④ A：来週の留学説明会だけど、参加者が 30 人もいるなら、第一会議室じゃなくて、第二会議室のほうが広くていいんじゃないかな。

　 B：あ、はい、わかりました。じゃ、第二会議室、予約（してみます・しておきます）。

⑤ A：忘年会の店、ここなんかどうですかね？

　 B：うん…、（個人的に・個人的には）こういう店好きなんだけど、忘年会には静かすぎるんじゃないかな。大きな声だしたら怒られそうだし。

⑥ A：季節のメニューですが、ウナギを使った料理はどうでしょう。

　 B：そうですね…ウナギはどの年齢層にも好まれますけど、もう少し安く提供できるものを入れるのも（案かと思います・一案かと思います）。

[2] 下線部の意味を説明してください。

① 仕事の面接で、なんで前の仕事を 2 か月で辞めたのか聞かれて<u>冷や汗かいた</u>よ。<u>首になった</u>なんて言えないしさ。

② この企画、とてもいいと思うんですが、実現させるためにはコストダウンが<u>ポイントになる</u>でしょうね。

③ この店、週末、新装開店したんですけど、その一週間前に近くに競合店ができたからか、思ってたより<u>客の出足が鈍い</u>みたいなんですよね。

④ なー、このポテトチップス、ちゃんと封してなかっただろ？　<u>湿気ちゃって</u>、食べらんないよ。

⑤ 道にマフラーが落ちていたので、通る人の<u>目につきそうなところ</u>にかけておいた。

⑥ うちの部署、育休を取る男性がけっこういてね、仕事も家庭も大事にしようっていう<u>空気が生まれてて</u>、小さな子どもがいる私なんて、すっごく働きやすいんだ。

[3] 会話を完成させてください。①は、相手の提案に答えてください。賛成でも反対でもかまいません。②は、相手の提案に反対であることを伝えてください。③では、自分の出した提案を再度強く推してみてください。いずれも、相手が気分を害さないような発話を考えましょう。

① 百合子さんは再来月結婚します。結婚式のあとのパーティーに来てくれた人に小さなお礼をしたいと思っていますが、何がいいかわかりません。奈津さんは百合子さんの親しい友人です。

百合子：奈津、みんなにもらってもらう物、何がいいと思う？　もらって困りそうな物は避けたいんだよね。

奈津：うーん、ちょっとおしゃれな焼き菓子とか？

百合子：____。

② 近所に住んでいる二人が道で立ち話をしています。安藤さんは、今立っている場所から見える横断歩道のところに街灯がないことを問題だと思っています。

安藤：あそこの横断歩道、街灯ないじゃないですか。夜なんて真っ暗で、この間なんか、ものすごいスピードで走ってきた車にひかれそうになったんですよ。こういうのって、市役所に話を持って行ったら何とかしてくれるんですかね？　私、行ってみようかなって思ってるんですけど。

平田：いやあ、直接市役所に持って行くより、まず自治会長さんに相談してみたほうがいいんじゃないですか。

安藤：うーん、____。

③ アルバイト先の古本屋の店長が、店の入口に求人募集の貼り紙をしているのに人が集まらないと悩んでいます。赤井さんは今、この店で働いています。

店長：赤井さん、求人募集、なんで集まらないんだと思います？

赤井：ここってメインの通りから少し離れてて、お店に来るのは年配の方がほとんどですよね。なので、バイト募集してるってこと、みんな知らないんじゃないですか。例えば、SNSとかに広告を出したほうがいいと思うんですが、どうですか。それなら、いろんな人の目につくと思うんですけど。

店長：SNSねえ。いやあ、私は、あんまりああいうの苦手で。どういう人が読むのかわかんないから、なんか怖くって。

赤井：____。

Lesson 8 ロールプレイ準備シート

話す場所（ばしょ）	
誰が誰に？（だれ／だれ）	
人間関係（にんげんかんけい）	
感想を聞きたい背景（かんそう／はいけい）	
感想内容（かんそうないよう）	
使う表現（ひょうげん）	【満足していることを述べる】（まんぞく／の） 【不満を述べる】（ふまん／の）
会話で工夫すること（くふう）	

[1]　正しいほうを選んでください。

① うちの課長って、いつも最後になっていろいろ変更するから、ほんと（まいる・まいってる）よ。

② 昨日、うちの店にすっごい（偉い・偉そうな）客が来てね、家族三人で来たんだから割引券を三枚使わせろって言うのよ。一回の支払いにつき、一枚ってちゃんと書いてあるのに。

③ うちの会社、ちょっと経営きついらしいよ、大きな声では（言えない・言わない）みたいなんだけど。

④ 職場の人間関係には（文句ない・文句なし）ってとこかな。

⑤ ルームメート（は・には）ちょっと困ってるんだ。連日友達を部屋に連れてくるから、うるさくて勉強できなくて。

⑥ あいつってさ、自分は何にもしないくせに、人にはああしろこうしろ言うんだから、頭に（くる・きた）よな。

[2]　下線部の意味を説明してください。

① 会議の場で、感情的になったのは<u>まずかった</u>かも。

② バイトと学校との両立って、ほんと<u>きつい</u>んだよね。

③ 仕事を選ぶうえではお金も大事だけど、<u>やりがいがある</u>かどうかのほうが大事かな。

④ 親にはね、私が定職に就くまで心配だって言われるんだけど、私自身は今のバイト、けっこう気に入ってるんだよね。

⑤ うちの会社、育休が取りやすいんだよね。入社したときは、３人も子どもができるなんて思ってなかったけど、いやあ、この会社を<u>選んで正解だった</u>ってことかな。

⑥ 職場はうちから近いし、上司は細かいことにうるさくないし、仕事もまあまあ楽しいし、そう考えると、私って<u>恵まれてる</u>ほうかなって。

[3]　会話を完成させてください。①は不満なところもあるが、だいたいにおいて満足している、②は不満を持っている、③は後悔している、ことを伝えてください。さらに③では、後悔している相手に、どう言えばいいかも考えてみましょう。

① 智也さんは、最近カトウ電気の販売員を始めました。大学時代からの親しい友人である葉菜さんに仕事のことを聞かれました。

葉菜：で、新しい仕事どう？　店に立って、お客さんにいろいろ説明とかしたりするの、大変じゃない？　うるさい人とかいるだろうし。

智也：うーん、まあね。____。

葉菜：ふうん、そうなんだ。なら、よかったね。

② ホーさんは、長年勤めている会社の直属の上司が最近変わりました。新しい人（マービン）には
　　いろいろ不満があることを、仲のよい取引先の友人に話します。

友人：新しく来たマービンさんはどうですか。仕事、やりやすいですか。

ホー：いやあ、なかなか…。

　　　____。

友人：そうですか。そりゃ、大変ですね。

③ 草野さんと同期である篠原さんは、プロジェクトのチーフです。草野さんは、さっき終わったミー
　　ティングでのことを、別の部署の同期の友人に話しています。

草野：篠原さん、ミーティングのとき、若い子たちにいろいろ言われて、すっごい困ってる感じ
　　　だったんだけど、俺、何にも言わなかったんだ。

　　　____。

篠原：____。

著者紹介

ボイクマン総子（ぼいくまん　ふさこ）

大阪外国語大学大学院言語社会研究科博士後期課程修了、博士（言語・文化学）

現在、東京大学大学院総合文化研究科・教養学部 教授

著書に、『新版 聞いて覚える話し方 日本語生中継 中〜上級』、『聞いて覚える話し方 日本語生中継 初中級編 1』、『聞いて覚える話し方 日本語生中継 初中級編 1 教室活動のヒント＆タスク』、『聞いて覚える話し方 日本語生中継 初中級編 2』、『聞いて覚える話し方 日本語生中継 初中級編 2 教室活動のヒント＆タスク』、『聞いて覚える話し方 日本語生中継 中上級編 教師用マニュアル』（くろしお出版・共著）、『ストーリーで覚える漢字300』、『ストーリーで覚える漢字 II 301-500』（くろしお出版・共著）、『わたしのにほんご』（くろしお出版・共著）、『生きた素材で学ぶ 新・中級から上級への日本語』、『東京大学教養学部のアカデミック・ジャパニーズ J-PEAK 中級』（The Japan Times・共著）がある。

宮谷敦美（みやたに　あつみ）

大阪外国語大学大学院外国語学研究科日本語学専攻修了、修士（言語・文化学）

現在、愛知県立大学外国語学部 教授

著書に、『新版 聞いて覚える話し方 日本語生中継 中〜上級』、『聞いて覚える話し方 日本語生中継 初中級編 1』、『聞いて覚える話し方 日本語生中継 初中級編 1 教室活動のヒント＆タスク』、『聞いて覚える話し方 日本語生中継 初中級編 2』、『聞いて覚える話し方 日本語生中継 初中級編 2 教室活動のヒント＆タスク』、『聞いて覚える話し方 日本語生中継 中上級編 教師用マニュアル』（くろしお出版・共著）、『生きた素材で学ぶ 中級から上級への日本語』（The Japan Times・共著）がある。

小室リー郁子（こむろ　リー　いくこ）

大阪外国語大学大学院外国語学研究科日本語学専攻修了、博士（日本語・日本文化）（大阪大学）

現在、トロント大学（カナダ）東アジア研究科 准教授（Teaching Stream）

著書に、『新版 聞いて覚える話し方 日本語生中継 中〜上級』、『聞いて覚える話し方 日本語生中継 初中級編 1』、『聞いて覚える話し方 日本語生中継 初中級編 1 教室活動のヒント＆タスク』、『聞いて覚える話し方 日本語生中継 初中級編 2』、『聞いて覚える話し方 日本語生中継 初中級編 2 教室活動のヒント＆タスク』（くろしお出版・共著）、『中国語母語話者のための漢字語彙研究―母語知識を活かした教育をめざして』（くろしお出版）がある。

新版　聞いて覚える話し方　日本語生中継 中〜上級

教室活動のヒント＆タスク

2004年　3月　25日　初版
2022年　12月　23日　新版 第1刷

著者　　　ボイクマン総子
　　　　　宮谷敦美
　　　　　小室リー郁子

発行人　　岡野秀夫

発行所　　くろしお出版
　　　　　〒102-0084　　東京都千代田区二番町4-3
　　　　　Tel : 03·6261·2867　　　　Fax : 03·6261·2879
　　　　　URL : https://www.9640.jp　　　Mail : kurosio@9640.jp

装丁　　　工藤亜矢子

イラスト　村山宇希

印刷　　　亜細亜印刷